U0061694

梁國香 楊佩 著

與孩子有約

幸福父母的七大
有效溝通錦囊

前言

　　從事「人」的工作，都必須善於聆聽；同時間，身為父母，也要常常聆聽自己的心。我們有類近的職業，一樣作為母親，對培育孩子，也抱持相同的想法。

　　在一個充滿挑戰的世界裏，父母要如何培育孩子，坊間充斥著各種提案建議。正如新晉歷史學家 Yuval Noah Harari（2022）所說：「在一個資訊滿滿卻多半無用的世界上，清楚易懂的見解就成為一個力量。」我們認為人的關係，是建立在人與人的溝通。親子關係，亦然。有效的親子溝通技巧，是幸福父母的修習。這是我們的見解。

　　在大數據、AI 人工智能、演算法、虛擬空間、生物技術等等的走勢中，以往累積下來習以為常的知識，未必足以應付。當現代教育仍然停留在填鴨式固態，社會卻因科網發達而不停在變，孩子將來要面對的世界會是怎樣？作為父母要維持眼界清晰、心意澄明殊非易事。

　　陪伴孩子走過青少年，成就他們的獨立性，並促使孩子擁有解決未來問題的能力，孩子在學，父母也在不斷學習。在沒有單一的標準答案可以應對未來挑戰之際，一個開放的心態，並以「父母幸福，孩子也幸福」及「孩子幸福，父母也幸福」為意旨，從良好的溝通入手，建立共同的幸福感，才成為孩子

邁步向前的一種力量。這就是我們的理念。

我們深深明白，每個家庭都有其獨特性，每對父母都可以由「幸福的有效溝通」開始，創建符合自家的標準答案，走向未來。

序曲

　　要等到我們正式以專業的職人身份輔導孩子，才驚覺初為人母時，為著輔助孩子成長而心中祈求的溝通技巧，應該更早更適時地掌握。

　　由此而起，對於時下的青少年，我們感到有一份無法推卸的責任。「在線」成為社會一種生存方式，網絡上充斥著冷酷暴力、焦慮壓力和施虐行為的畫像，也有以自殺、子彈及炸彈終止問題的恐怖畫面，催促著我們的下一代極急切地需要一個「貼地」、「貼心」的護航。他們能夠體驗一種互相尊重及坦誠相對的溝通，腦中心中的「差異」才得以解放。我們認為，比起衝動式的「威武」，語言實在是合切的知識體系，才是解決難題的好工具。

　　本書展示的法則、心法及語言，是以溝通為主軸的學習主項。沿著這式子，家庭與學校可以營造一個自在安心的對話氣氛，孩子面對著各種的不穩定性，也願意分享。有些方法，最終會讓孩子受到鼓舞，建立適合的價值觀，造就完整一些的個人統整；父母體驗到在「與孩子同感」的路上，孩子也會更自律並有信心地履行個人角色，從而獲得幸福感。

　　在書中我們塑造了「毛太」一角，在「毛太有話說」專欄中她將代表我們這些曾經的新手母親，在書中發聲，傾訴有關

與青少年相處的困擾及掙扎;而「麥姨姨」一角就是代替我們擔當輔導諮詢的身份,長期與家庭及青少年共行共事,藉由案例及「家長提問」,以對話解答家長心中疑問,從中給予專業意見,企望藉此帶出各項對大家有助益的方法。

我們衷心希望書中的七大「幸福有效溝通錦囊」能讓父母與老師們有所領悟,最終引領青年人獨立思考,建構出一套適合他們時代的世界觀,實現心中理想。

目錄

第七效 **7**

持續打氣：成就追夢者

結語

致謝

參考資料

1

第 一 效

推動改變
形塑讚賞、批評及責罰

我們常常聽到很多人會說：「⋯⋯他／她總是批評⋯⋯就從沒試過對我做得好的事給予讚賞，簡直是有彈無讚。」

　　為什麼我們喜歡被別人稱讚而抗拒被批評？為什麼人們總是喜歡批評或挑剔別人的錯處？是否別人比自己的錯處更多，人們會因而有更好的感覺？是否當人們稱讚別人的時候就會感到自己不尊貴了，猶如比別人矮了一截？要回答這些「為什麼」，我們可由探索人類心理需求著手。

第一效 為人父母，怎會想貶抑孩子？（Demeaning）

　　不得不把 A. Maslow 找出來，他在 1943 年提出的需求層次理論（Maslow, 1943），至今仍然具備實用價值。它幫助我們有更好的自我認知，同時更能理解相處中的對方，不愧是造就我們邁向更和睦人際關係的基石。（見圖一：需求層次理論）

圖一　需求層次理論

自我實現需求（Self-actualization needs）
開發個人潛能、實現夢想、完成與自己能力相稱的事情、超越自我的需要。

尊重需求（Esteem needs）
穩定的形象、社會地位，個人能力和成就得到社會認同，獨立自主、自我滿足需求。

社會需求（Social needs）
人際關係中愛、伙伴、同事之間的關係，歸屬感需求，成為群體一員，互相關懷。

安全需求（Safety needs）
保障人身安全、財務安全、健康、安全感等方面的需要。

生理需求（Physiological needs）
維持生存最基本的要求，如飢、渴、衣、住、性方面的要求。

猶如參加比賽打機晉級一樣，我們認同先安「身」後安「心」，正如「肚子餓的時候，談什麼宏圖大計」，這是我們一般的認知。Maslow 強調，獲得讚賞屬心理需求，被稱讚的當下，人們內心如被人認同、接受及尊重的期待得以被滿足。自信心建基於此等滿足感，並由此觸發人們對生命賦予意義及衍生改善自我的動力。相反，批評使人感到不被接受，同時抑壓又打擊部分自信心，深具挫敗感而抑制自我發展。不言而喻，這樣也妨礙生活各面向的表現。

　　以廣義言，貶抑是對他人施行「非人性化」的行為。心理學者認為，非人性化是將人類物化或動物化，除打擊為人者具備的最高展能外，貶抑行為是非人性化的獨有面向，反映了對別人思維可能潛藏著牢固及具有後果性的誤解（Schroeder & Epley, 2020）。

　　正如 Maslow 提出，有某部分人的需求層次只局限在生理方面（比如長期失業的人，只求溫飽），因此他們更高層次的需求被永久地消音下架。在忽略或低估對方作為「人」有更高心理需求逐取的時候，就是墮入置對方於「非人性化」的一種形態。

　　要全然地體察到對方的各種需求，必須擁有評估對方各種需求的能力。此項能力程度上的不同，或者說，處在「不太有能力」的情況下，會有因忽略了他人需求而產生「貶乏」的情況發生。

　　作為父母，哪有會將孩子更高需求消音刪除的想法？當然

不會！只要是由外面可以被觀察得到的，比如行為上的付出，就最好在對話中被清楚地「播放」表揚出來。

屬於不易被「看見」更高的各種需求，實在要怎樣體察呢？

「孩子做得好，我開心都來不及，怎麼會想要貶低他呢？」這是父母的心聲。畢竟孩子的心理需求被讚賞、被認同，並非直接用「看」的就足以理解，必須透過更多的思想活動，比如以自身的直接體驗，形成內省的經驗，並產生「推己及人」的認知過程。因此，欲改善自身能力，以「透視眼」洞悉孩子內心需要的父母，可以透過：

- 內省。
- 應用現有的概念及見解。
- 觀察行為並作出推論。
- 言語的溝通。

> 言語的溝通……
>
> 每一個人都需要有人和他開誠布公地談心。一個人儘管可以十分英勇，但他也可能十分孤獨。
>
> ——海明威

由此可見，單單只是以「餵養」及維持孩子生理需要，似乎不太足夠。為口奔馳的父母，搞不好在口中崩出一句：「都已經供飲供食了……」，這樣自持，或會在溝通中發生貶抑孩子心理層次需求的可能性。

在孩子做得對的時候，多說兩句，表達自己明白對方的心裏渴求，其實不是更好地拉近彼此嗎？因為是用更多「心力」才能做到，又必須在溝通時選用合適的詞語以作表達，因此，這方法比較不易為。

不是父母想要貶低孩子，而是在全面的溝通當中，有其學習的技巧。不易為不等於父母不為，為了更幸福，有「肯」去感受孩子的意願，就是好開始。

青少年的心理需要是什麼？其意義何在？

　　以讚賞實踐「看得見，讚得出」和「看不見的更要讚出來」，正是達成「我的讚賞是為了讓你更具信心展現優秀；而不是我的讚賞，貶乏了你心理需要的面向以及行動力的付出」。至此，父母對於落實「讚賞力」具體的做法，又掌握了多一些。

　　Demeaning（貶抑）的反面是 meaning（增益或賦予意義），要真正做到不貶抑，還有一道：理解青少年在此階段的心理訴求及其背後的意義。Erik Erickson 於 1968 年的心理社會發展論指出，12 至 18 歲的青少年，對「自我統整」的心理需求最為突出。獲得被認同的身份，等於擁有明確的自我觀念與自我追求的方向；相反，在此過渡期間未能掌握個人角色而產生混淆的青少年，會因為生活失卻目的缺欠方向，而感到徬徨失措。他相信在友儕間取得認同，能讓青少年在情緒動盪時起了安全網作用。獲取更實在的認同感，會形成正向的心理健康，使孩子能更踏實地走向成年期，最終孩子必須擁有屬於自己的自我統合，其中包括價值觀、職業目標及穩定的關係群組。

　　進一步透視孩子的心理發展任務，以「讚賞」多下功夫，給予孩子更「貼心」的認同感，幫助孩子展現適切的心理功能

以安渡青春。積極的父母作出積極的行為，心意了然，就是為了讓孩子的人生路走得更順暢。行動展開做到「孩子也感受到了」，他／她也必投桃報李，會變得積極起來。彼此就積極向幸福出發吧。

我們作為父母及成人，當然願意幫助孩子及青少年發揮更好的潛能。當別人展現出合意的行為或理想成績，讚美是鼓勵和強化的一種形態，透過讚賞，我們希望合意的行為或成績能夠再次重現。

既是如此，我們不禁會納悶地想：明明也有讚賞，為什麼就得不到同一結果？

第一效 如何在讚賞中不貶抑？

　　很多父母相信不應當著孩子面前說好話或讚賞他們，認為一旦這樣做，孩子會「被讚壞，沖昏頭腦而驕傲起來」。為著供書教學，不少父母相信自己已盡全力，並堅持孩子「讀好書，讀得叻」為報答父母「養育之恩」的必然行徑。這類父母想當然地認為孩子不會有心理層次的需要，只單滿足孩子基本生理需求，持著「讀書讀得好是孩子的份內事，何必額外讚賞？他們要得太多了吧！」的見解。

　　誠然，也有父母認為孩子理應得到讚賞及嘉許，這有助其建立自豪感。當今父母營營役役、早出晚歸，常被淹沒在日常的繁忙中。縱然有讚賞，充其量也只能拋出「快餐式的稱讚」，如「做得好」，並沒有能深思熟慮地去回想並認同孩子期間的付出。這樣，父母就困守在「做得好是你應份」的想法。其實讚賞，是有方法的。要提醒的是，當讚賞帶有太多判斷時，孩子未必接受，有時甚或弄巧反拙，他們會作出背道而馳的行為，為著證明父母是錯的。

　　不信你看看來自青少年的心聲。

青少年的心聲

「我媽咪成日都將我同其他人比較，佢成日都話自己好開心，比起表姐我做得更好，叫我繼續努力。」

「我阿媽最鍾意喺佢啲朋友面前讚我哋。我覺得其實佢喺度曬命，話畀人聽佢教仔教得好。嗰樣好假囉，我真係唔係幾鍾意。」

「我媽好忙㗎，其實佢都唔明白我中間做過啲乜嘢，考試先至可以過。佢猛拍曬手，又讚我 OK、做得好，似係好錫我嗽。其實，我唔覺得我做嘅嘢，佢覺得好囉。」

錦囊 【助益式讚賞】

以下是形成【助益式讚賞】的步驟：

第一步　敘事式讚賞

只說事不說人，意思是只描述成就，免卻對個人以「非常好」、「好」這種一般詞語作出評價。

例　與其是→「老師告訴我你很樂於助人。」

不如說→「老師告知我你幫助你的朋友讀書，這樣很好呀。」

與其是→「太好了，很高分！」

不如說→「能考到這樣高分，你必定下了很多功夫溫習。」

當然，我們更容易以「好棒呀！」「厲害呢！」來稱讚別人，「更容易」是因為我們不必特地思量，就能說出慣常的用語。可是，敘事式讚賞卻需要父母付出更多的努力。

敘事式讚賞讓孩子有機會肯定自己的成就，由此建立自信並更相信自己。因此家長及老師可針對孩子所做的合意成就作表示。父母可以想像要是自己置在「他們的情境」中，為著表現出眼前成果，要作出什麼付出及努力，這樣，或許父母會懂得欣賞他們。

第二步　描述你的感受

孩子及青少年需要我們的應允及渴望知道父母的真正感受。正如「你開心時我快樂」，當他們感受到父母高興，自己也會感到愉快。這不但鞏固雙方「暖和愉悅」的情感，同時有助孩子建立對家庭的歸屬感。因此，展現【助益式讚賞】時，父母不妨透露自己心中的感受。

例 「你誠實地對待老師，這讓我感到自豪。」

「在數學比賽中，你攞到冠軍，我覺得好開心。見你咁落力，我好鍾意你。」

第三步　表達感謝的心情

我們經常以「想當然」或「奉旨」的態度處事，就如父母經常教育子女要以感恩之情及感謝之意來感受自己的獲取，當孩子及青少年展現良好及幫忙的行為，比如整理自己的房間、幫助打掃廳房等，父母可以以身作則，摒棄理當如此的想法，向他們表示感謝呢。誠如我們從友朋處得到幫忙一樣，也不會理所當然地不表示感激吧。

若然父母仍持著孩子的付出是天經地義的態度，自己無需特別去表達感謝，這樣做只是漠視孩子的心理訴求，再次減低孩子心智成長的需要。心意相通，尤其是正面感謝的情感溝通，讓青少年感受到父母的心意，孕育美好連結。

例　「今天我實在忙得很，你能幫忙取回包裹，我實在非常感激。」

「對於你能夠如此成熟並體諒父母，因經濟理由不能讓你添置全新的舞會裝束，我感到安慰。」

「我感到欣慰，你真是一個好孩子。」

若然父母在讚賞時多加留意，落實【助益式讚賞】，你會發現孩子們更加願意幫忙，展現美好。

第一效 別人家的孩子（Demoralizing）

　　父母在對話裏出現「別人家的孩子」，無論說的時候是牙癢癢也好，酸溜溜也好，看在孩子眼裏，就明白父母拿自己和同齡的人比較。比較的對象近在咫尺，不是同班同學，就是父母朋友圈或親戚群裏別人的孩子。在說這種話語時的父母，所要表達的或許是「恨鐵不成鋼」的感慨，期間或許已暴露了藏不住的妒忌及失望。作為父母口中被比較的孩子聽在耳朵裏，又是怎樣一回事？

由內地說唱歌手西奧及劉聰填詞譜曲的歌曲〈別人家的孩子〉，只截下開首一段，我們可以感受一下被比較中青少年的心底話：

那一年我十三歲
媽媽和爸爸都忙著交稅
一直到二十一換了七所學校
也沒有人真的能教會我成長
在我身上　命運像蹦極般升降
恐懼是唯一的真相　日益膨脹
可我不能表露在眼神
我的身邊沒有鼓勵只能努力
丟掉了沒有用的天真……

咀嚼歌曲裏一再重複的副歌後，父母們會同意青少年內心的無助及無奈嗎？

為什麼我的話總被你駁回
我說話的權利我必須得奪回
請別讓你的愛變成了魔鬼
你不是我　因為你不是我

（想再感受更多的父母，可以見 https://www.kkbox.com/tw/tc/song/T_2WDwEZ6ZmfW08MIq）

　　此話成為網絡用語，可想而知，有多少「望子成龍」的父母，就有多少無端中箭感到自慚形穢、抬不起頭的青少年。

　　自己的孩子真的處處不如人嗎？

孩子的可塑性

　　青少年處在一個走出童年、邁向成年的過渡階段，除各種生理及心理轉變外，對比起以往有更多的社交關係，其中引起的衝突、矛盾及挫折亦相對較多。孩提時候較易受外境影響的青少年，正是父母需要關心的對象。

　　讓我們看看較易受影響的孩子，一般有什麼特性？（Davies et al., 2021）

　　• 在意識到有危險或新的環境時，對於眼前的事況，會靜觀其變，並提高警覺，同時有延遲行動的趨勢。

　　• 本置的柔和個性，在社交關係中，會逐漸變成合作者。

　　• 在認知層面的探索，此類孩子具有更大的內在需要、耐性及參與度。

　　• 面對稱讚或獎賞時，雖然反應溫和，內在感激和愉悅卻更持久。

　　或許你會認為在新環境靜觀其變（睇定啲），沒有什麼不好。但若果「觀察得太久而延遲行動」，又有點感到「錯失良機」的落後與擔心。於是，你更希望相信孩子在具備靜觀其變的冷靜之際，可以調整行動力以至抓住機遇。

或者你發現自己的孩子是主動、衝動型，你希望他／她可以學習「靜觀其變」中沉得住氣的能耐，示範「適時行動」的穩當。

　　單只是針對第一個點項，家長們已經各有想法。在各種思量中，我們不得不承認，孩子具有可塑的特性。到底如何培養孩子展現「最好的自己」，父母與孩子的互動是關鍵因素。

父母與孩子的互動

　　父母在孩子孩提時候的相處狀況，會對孩子成長的心理狀態有所影響。研究員（Davies et al., 2021）將相處狀況分類如下：

家庭互動的環境

　　家庭中的互動，除了父母分別應對孩子的展現，夫妻相互間的相處形態也會給孩子帶來影響。

　　① 惱怒型：父母在表情、言語和身體動作上的表現，如勞氣、煩厭、沮喪。

　　② 攻擊型：父母的言語及行為具有傷害、羞辱、譏諷和貶低的內容，嚴重的包括具恐嚇性的說話。

　　③ 疏離型：在互動中，父母常展示距離感，其中包括冷漠、沒有反應和抽離；無法展現行動力，對另一半欠缺注重及關懷。

　　④ 強硬管制：實施專橫權威式的管教方法，以此規範相互的溝通形態。

　　⑤ 以孩子為重型：父母以孩子為中心，他們可以尊重個人

的差異性，並常針對孩子的需要情緒及能力有更高的覺察。在言語或行為中表達感激、尊重及認同另一半的觀感。

⑥ 暖和及解決問題型：父母擁有體察孩子不同狀況下不同需要的展現，會給予即時情緒支援及幫助的行為。面對問題時具有效辨識力，各有建設性的角度，互相接受對方提案及分歧意見的出現，同時展示出有商有量，具行動力並共同解決問題。

調查顯示，父母與孩子的互動方式，會影響孩子的心理功能。處於第一至四種情況的家庭，孩子較容易出現情緒問題，如擔憂、緊張、易怒、發脾氣，及對別人大打出手等反應。

可喜的是，父母永遠有選擇的權力。因此在理解以上範圍後，你可以把正在閱讀的書本放在一旁，找個清靜的空間，靜心想想，自己與那個結合了的「另一半」，在溝通的行為中，哪方面展現得更多？ 又，想像一下，作為第三者處在現場當中聽著看著父母互動中的孩子，會有什麼觀感？

或者你會說，在我們家庭的氛圍裏，沒有「肉麻」說感激這回事，那麼說說「唔該」、「多謝」並非屬於氛圍不氛圍了，更正確地說，那是一個「人之常情」的正面情感表達。

再說什麼家庭氛圍，到底由誰營造？若果夫妻關心的對象都是自家的孩子，要孩子在怎樣的家庭氛圍下長大，是夫妻間的共識及應該努力的方向，不是嗎？

夫妻相處，是另一個課題。閱讀至此，若然在你念頭裏萌生過：原來「有彈也要有讚」會孕育更優秀的孩子，與孩子對話，用上「幸福有效的溝通法則」是好的嘗試。另外，愛護孩

子的你，一定也已明白，除了應對孩子，自己的另一半也必然要是受惠者。只有這樣，才能「做戲做全套」，自己處在輕鬆和諧、有商有量的家庭氣氛下之餘，小孩也更願意打開心扉，與能夠商量的父母談談自己。

 **毛太有話說**

孩子的爸爸是他自己

毛太說：「我是兩孩之母了，洗濕了個頭，想的是，既然孩子們是夫婦兩人的產物，是不是在管教方面有同樣的見解及做法？」毛太是次要申述的是她對丈夫管束孩子的手法，不敢苟同。

「一旦爸爸知道了孩子的失效行為，比如答應下來的事情沒有落實，他們的爸爸常以懲罰的方法下手。權威式的教導方法，只讓孩子們因懼怕而服從，不是我父親那種積極鼓勵的循循善誘！實在叫我吃不消，非常困惑。」毛太帶著受驚似的眼神而有怯意。

「孩子唔聽話，丈夫站出來管，其實是好事，可是用的手法實在不是我熟悉的。事後兩公婆也有商討，可就是不和收場，得唔到共識。」毛太很無奈。

毛生毛太來自不同的原生家庭，自組家庭在教育下一代這方面，當然會以自己孩提經驗作根據。

「孩子的爸爸是他自己，不是我的父親。」毛太心明眼亮，迸出這樣一句話。

理解每個人都是個體，就擁有客觀能量。撇開自己的喜歡或

不喜歡，相信毛太可以有空間更好地與丈夫溝通，在教育下一代課題裏，各自成為對方「鐵一般的隊友」。

#兩代人 #管教下一代共識 #夫妻的走位 #鐵隊友 #堅做孩子三堅後盾（堅信孩子、堅持正面、堅定一致）

我們家的孩子

對「別人家的孩子」酸言酸語的表達在這裏看來很不對勁了，是吧！到底是父母把「別人家的孩子」說得多了，釀成了「處處不如人」的失望局面，還是自家孩子真的就沒有優秀的地方？

事實是，為了在成年後成為一個具競爭力的青少年而修煉「一身好武藝」，無論在學校、社交各種處境，都難免競爭。競爭中又難免有「知己知彼」的辨識。可是父母常常把「別人家的孩子」掛在口中，難免有「助他人志氣，滅自己威風」的嫌疑。

那麼多「難免」後，可以如何避免？

答案顯而易見，替「我們家的孩子」打氣，用上「看得見，讚得出」。

另外，只要父母願意「走多一點點」地摒棄慣常的應對模式，連帶孩子不易被察覺的心理需求也被「說」出來地照顧到，使出「看不見的，也被讚得到」，孩子定能感受到父母的心意。

有如此堅信孩子、堅持正面及堅定一致的「三堅」父母陣容，雖說青春期的孩子多「狀況」，「有傾有講」的家中氣氛，也會讓孩子更具心力渡過難關。把焦點拉回來，聚焦放在「我們家的孩子」吧！

 毛太有話說

孩子青春期

當孩子出現行為偏差或焦慮，父母可以同來參與家庭治療求助。

觀察到在家庭互動規律的一個特徵，就是孩子有「你們一個走左，一個走右，我跟哪一個？」這種無所適從、左右為難的困擾。

毛太很無奈：「沒辦法，我與丈夫來自不同家庭背景，他有他看問題的角度，也有他自原生家庭帶過來與孩子相處的原則。人畢竟不同，恕我無法百分百的附和。」

可是看到孩子很嬲怒又受傷的表情，毛太也明白：「莫說父母兩人都有教育下一代的責任，其實大家的出發點都是為著培育孩子的素養，很努力地展現自己的信奉，目標相同但方法各異。」

毛先生覺悟：「我們為著各自的不同而單單打打，孩子就認為我們感情不好，感到紛亂不安。」

趕緊趕緊，幸福父母靠自己的爭取，別有一天，你的孩子以「別人家的父母」來與你對話，你才後悔莫及。

第一效 青少年的心理困惑是什麼？

　　正如我們已知道青春期的孩子正面對身份角色的困惑，由小學升上中學，享受相對的自由，同時也踏入為自己選擇角色、價值觀及目標（Bandura, 1986）的時段。青少年常徘徊在到底這樣還是那樣的猶豫，比如同學這樣做，家裏那樣說，再加上爸媽各唱不同的調子，實是讓他們「唔知點算好」。很多時，在這種忐忑不安下，誰人能給予孩子「舒服及良好」感覺的，孩子就會較易認同及跟隨。正心裏慌亂、拿不定主意去替自己揀選「一條好路」的青春期孩子，在這時間正需要父母的支持。

　　根據香港衞生署的資料（網址：www.cheu.gov.hk），壓力的來源因素眾多也比較複雜，常令他們困擾的包括：

- 繁多及艱辛的功課，測驗及考試成績不如預期。
- 不善分配時間，長期睡眠不足，引起精神壓力。
- 交通擠塞、上學遲到。
- 居住環境擠迫。
- 與父母有衝突。
- 與朋輩發生糾紛，感到被排擠、冷落、欺騙及玩弄。
- 與異性交往及性的煩惱。

面對壓力的處理，建議包括：

- 青少年應該主動與父母溝通，獲得到父母的理解、關懷

及支持，不致在困境中感到無助。

‧ 多參加群體活動與人接觸，由此發掘自己的長處及短處，明白最重要是能接受自己而不是介懷於別人如何看自己。

‧ 對自己有合理期望，不妄自菲薄之餘也多吸收知識，增強辦事能力，揚長避短，改善短處，對於不能改變的事情，抱持接受的態度。

‧ 與大自然接近，聽歌及欣賞曼妙音樂，使身心舒暢。

‧ 探討導人向善的宗教及哲學，擴闊視野及認識人生美善，擬定人生目標。

由此而知，父母始終是孩子的首選求助對象。做一對可以讓孩子信任的父母，對雙方來說，都是一個教學相長、相得益彰的人生歷程。

 **毛太有話說**

對父母有用的「真」道理

毛太有感：「其實世事無絕對『是』與『不是』之分。所謂是與非，只將局限於『我不同意你這個做法』、『我認為應該是這樣』、『這個不妥』、『那個更好』，無可避免地墮入你我之爭。正所謂『公說公有理，婆說婆有理』，夫妻分歧造成孩子困擾及苦惱好似不是大家的最初想法。」

每個有青春期孩子的家庭都會有以上類似的境遇，夫妻管教孩子也各有見解，不過，要在此間成為孩子的「三堅」後盾，中

國人有句老話：「家和萬事興」，或有其道理。

兩代人 # 夫妻的走位 # 考慮到孩子感受 # 和而不同 # 堅做孩子三堅後盾

如何批評卻不挫士氣？

俗語有云「人誰無過」，我們都曾經犯過錯誤，需要有人從中指導，此亦是一個學習的過程。父母與老師是我們最親近的人，他們能夠評論、指導及糾正我們。對於很多人，似乎輕易地拋出指責及快速指出別人錯處，比起思考是否有更具成效的方法作出教導來得容易。更莫說當人處於挫敗低落與生氣的情緒時，會把話用錯的方法說出來，對別人造成傷害及打擊。

挫頓意指讓人離棄美善及激盪人心美德的正確軌道。有人極可能被一件事情，甚或是言語挫頓了，而變得灰心喪氣及銳挫望絕。

失敗乃成功之母，孩子在犯錯中學習，父母有責任作出教導和指正。正因為如此，父母在批評孩子的時候，更應小心行事，用上適當的方法。父母如何給予有助益的批評，誠然是有技巧的。【建設性批評】聚焦在幫助孩子改善缺失與錯誤，並賦權予他們在錯誤中學習。

即使在襁褓期的嬰兒，未能完全理解語言，父母仍能由面相、面部表情、聲音強度與急促的手部郁動識別反對和生氣。當孩子厭倦手中玩具而肆意亂丟，與其大聲叫喊或觸打嬰兒的手，父母更應該以柔和的聲線告訴孩子反對的意見，同時示範如何把玩具輕力放下的正確行為。

在學孩子常會體會到父母的嘮叨不休，譬如：早點起床準時上學、趕快把功課做完、身上有汗臭清潔身體等等。

【建設性批評】或許很有用處，父母可以嘗試：

「試下噉樣做呀！」

「你可唔可以再睇多次個指示？」

 父母應盡量避免用上不經思索的挫頓句子如：

「大懶豬，夠鐘起床啦，我唔再重複講啦！」

「你好臭，應該去沖涼。」

「好恐怖啫，早上你竟然唔刷牙。」

「唔好噉做，噉係錯㗎！已經講過一次，但係你成日都聽唔入耳。」

「正蠢人，噉做先至啱呀！」

「你應該早就知道喇。」

還有更差勁的如「咪咁蠢呀你！」

有時，誠實是最好的策略，因為有些事情，與其由著孩子從友儕口中獲知，更好的是能夠從父母口中更早獲得提醒，譬如：

「請你用多啲份量嘅牙膏，噉會幫助你消除口臭，保持口腔清新。」

「天氣咁熱，你會流多咗汗，你有冇諗過，沖涼會清走啲汗臭。」

👍 指引　如何給予【建設性批評】

第一步

<u>對事不對人：描繪事件及事實，糾正錯誤而非指責孩子本人</u>

直指事件及指出錯處，議論正確處理的方式：同時給予孩子充足表達意見的時間，父母聆聽孩子面向的敘述，從中給予指導及引領正確的路徑。孩子需要知道父母志在協助他們更正錯誤，並非對其本人作出指責。而且，告訴青年人，讓他們清楚明白到是事情讓父母感到生氣，並非孩子本身。

[例]　「我真感謝你處理花園的工作，請你稍後也把垃圾清一清。」

第二步

<u>請謹記：孩子會有感覺</u>

父母老忘記孩子已漸漸長大並也有自己的感知，仍慣常地把他們當孩童看待。孩子會因為父母貶損及缺乏建設性的批評，感到羞辱和自尊受損。因此，父母在評論孩子時，更應小心。要知道，當我們感到受傷之際，孩子感受到的傷痛更多。即使有所建言，和顏悅色時也以愛及柔情處理，並確認不是在孩子朋友面前而是選擇在私底下才進行。

[例]　「我明白到當被朋友背叛時候的傷痛感受，在學校吵罵與大打出手不是一個獲得同意的行為，你可以選擇和他討論和交談。」👍

第三步

<u>向前看：不要停留於過去</u>

不少父母在批評孩子時，會重提舊事，與其把過去發生的錯誤又再次搬出，更好是聚焦於眼前的現在。

例 「你在以前曾經偷過朋友的銀包，你仍然記得嗎？現在你又重施故技，再偷錢，犯上同一錯誤，由頭到尾你都冇改好過。」

在孩子犯錯的時候，父母之所以與他們溝通，目的正是希望孩子能從錯誤中改好，並在未來走上正路。以此初心，父母更要記住，給孩子留一個解釋的空間，同時保留他／她為自己的過錯負起責任的機會，然後向前進發，讓錯誤成為「做得更妥」的歷史篇章。

第四步

<u>有時，緩延批評更有好處</u>

孩子一旦闖禍，心裏明白隨即而來的必然是父母不留情面的「嚴厲責備」，有時父母將批評稍緩一下，會來得更「出奇制勝」而有成效。尤其當孩子在眾人面前作出一些讓你感尷尬的事情，父母更明智的做法是：先以風趣幽默的機智對應，並在回家後，待孩子情緒緩和下來，有能力作出反省及更好接收父母建言的狀態下，才作出討論。

第五步

說出想見到的：正面方式說負評

　　父母常留意孩子舉動，給予回饋實是關心孩子的作為。回饋有正有負，都希望告訴對方怎樣做才是正確。有時想以直接方法說出「做這些，不做這些」的當刻，可以用上正面的方法，把「希望見到的那個景象」說出來。

例　「你把香蕉皮放在環保垃圾桶內，我會很多謝你。」

　　「你已經做了四分三的算術題，你多做兩題就全部完成。請努力啊。」

　　現今做父母不容易，縱使如此，身為父母總有責任引領孩子走上正確的康莊大道。【建設性批評】是一個有效的溝通方法，令到孩子願意聆聽並學習如何修正自己。若然與孩子的長期相處是：孩子想怎樣就讓他／她怎麼樣般地放縱，最終孩子將不能辨別對錯而混淆是非。這種相處方式，開始時孩子或會感到自由自在，但最終他／她會體會到自己的父母，其實並不關心及愛護自己。

毛太有話說

相提並論，有時不！

　　「相提並論」從來都是科學分析的方法，可是在培育孩子方面，這正是要小心處理的課題。

家裡有兩個小孩的父母最易將他們比較，「哥哥這樣，你就不能夠嗎？」或者「哥哥都不這樣，你總是這樣子哦」，若是真的說出了這種話，毛太說：「我一定懊悔得要死。」

有了這樣的認知，把孩子當一個獨立的個體看待，是一個合適的做法。

毛太續述：「哥哥內向，有想法，做事靈活性大；弟弟活潑好動，想事情很直接，雖然膽大，卻依循性強。兩個都是由我肚子鑽出來，細心觀察後其實是不同個性的人。」

孩子有多少個，也都是自己的孩子，總希望每一個都能健康成長。明白孩子各有獨特個性，理應各都有一個不盡相同但適合個人的發展路徑。接受哥哥不是弟弟，哥哥就是自己；弟弟不是哥哥，弟弟就是另一個獨立體，父母會處在較為客觀的角度，做好自己角色上的責任。

#兩代人 #比較是為自己的認識而做 #不抗拒孩子間個性的不同
#每個孩子都是一個獨立體 #扶持不同孩子有不同方法

圖片來源：CANVAS

第 一 效　責罰而不傷自尊

有不少家長和老師反映，當孩子用同一個藉口解釋自己沒有完成的工作或重犯的錯誤時，常會感到氣餒。

「對唔住，媽咪我好劫呀！」

「我唔記得咗。」

「係人哋搞嘅，人哋嘅錯，唔關我事。」

事實擺明，該做的事，就是沒有被好好地作出來？罰也不是，不罰也不對，如何是好？

以下毛太的經歷道出了不少父母的煩惱。不是說要管教嗎，不罰怎管！

 毛太有話說

不罰怎管！①

一這樣聽，毛太就煩躁：「夠喇，夠喇，我唔想再聽你講埋同一樣嘢，而家請你返自己間房。你一個星期內唔可以再上網打機。」

如此「交涉」後，毛太常感到心中有歉愧。眼見著孩子氣沖沖的模樣，大力關門後，隔著門也聽到他那句「又被人鬧，又要罰」的灰心，毛太又會告訴自己：「應該要更有耐性才對。」可隨即回想，明明自己平日也有下功夫，對於孩子不成熟的行為會

循循善誘，卻依然換來失望的結果時，既激動、擔心又無力，腦中徘徊在：「罰又唔係，唔罰又唔係，到底點算好」的困擾，情緒跌入谷底。

何為懲罰？

懲罰是指針對某一過錯行為施行懲處。在心理學上，美國行為主義理論代表 Skinner（1938）在操作制約中，以懲罰一詞指出，凡當懲處實施後，某一行為在未來有減低發生的機率。正向及負向獎勵用在增加（理想的）行為，而懲罰集中在減少和排除不當行為。

1. 正向懲罰

當問題行為出現時，給予當事人不喜歡的處罰。

例 如當學生強搶同學的書籍時，老師可在班裏公開地宣佈其行為。

2. 負向懲罰

當問題行為出現時，挪除當時人喜歡的東西。

例 當學生在課堂上談話，老師即時告訴他不能享有小息。

效用

在問題行為出現時，懲罰要及時，在行為發生後立即施行。懲罰也要有一致性，必須在每次行為發生後執行，並且採取同一輕重。

例 每次男孩打妹妹後，立刻被隔離在房間裏。

責罰的弊端

學習理論指出體罰或心理上的懲罰，並不會阻止失德的行為，反而令到被罰者在下次會更小心地掩飾自己的錯處。為了逃脫責任及被捉個正著，孩子會越發不誠實及趨向不負責任。

一般而言，責罰的效能只屬短暫，被禁止的行為在懲罰後，還是會再重現。最大的弊處是，在懲罰孩子時並沒有提供任何資料，告訴他們什麼才是合適及合意的行為。有時，孩子並非特意作出一些違反的行為，譬如把球踢向玻璃門，只是他們未有機會學習什麼才是應該做的。

即使責罰在短時間內湊效，長期而言，責罰會令到孩子感到敵意，釀成攻擊性及報復性；諷刺的是，最終不合宜的行為，則沒有改變。這是在責罰中，沒有預計及始料不及的結果。

為什麼我們仍沿用這方法？

有些成人以責罰管教孩子，是因為他們在懲治中帶來控制力及權威感，也有「勝利」的好感覺。

有時我們會聽到家長這樣說：

「你實在要被好好地教訓一下。」

「他可是沒有辦法反抗，可是贏不了的。」

有些家長在工作中、經濟或關係處理上面臨壓力，當孩子沒有作出父母接受的行為，他們或者並非蓄意，但是一個不小

心地會把內心的怒氣發洩在孩子身上，以暴力的體罰或欺凌的行為懲處孩子。被這樣對待的孩子，會感到「缺失、無助和殆喪自尊」，內在有久久消散不了的感受如「憤怒與反抗」。有這種經歷，孩子長大成人，有機會重複父母的行為，施暴於他人。

觀察學習

以暴易暴，暴力滋長更多的暴力。孩子在觀察父母行為的過程中，仍會模仿（Bandura, 1989）。在以暴力處事的環境中，會因此而更加叛逆，更多時候牽涉打鬥，盲從非正當建議，為了平復內在的哀傷或憤怒，濫用藥物或酒精，這是一個沒有真正解決問題的應對方法。

有些精神上出現困擾的父母，會對孩子施虐，以棍打、掌摑、捶擊、火灼施暴；以貶抑言語、剝奪孩子出行的權力、把他們關在黑房中或甚至斷供食物、衣著或零用等進行心理上的凌虐。無論是生理或心理，甚至性方面的欺凌，都屬於應受懲處的犯罪行為。

觀 察 學 習	以社會學習論著稱，加拿大心理學家班杜拉的「波波玩偶實驗」， 結果發現，有觀察過大人出手打公仔的孩子，事後比較有攻擊性， 尤其發生在童年期，透過觀察而產生的行為或態度學習。

🗨️ 步驟

第一步　即時，穩定及一致性

若然父母需要處罰孩子，請確定行為的穩定及一致性，並即時處理。孩子沒有完成功課，家長便以停止上網作為處罰。若然在十次同類事件中，家長只作出九次懲處，就會因為沒有處罰的那一次，導致整體為著改善行為的九次處罰，得不到成效而白費功夫，前功盡廢。意思即是，只要以處罰作為管教手段，無論如何，家長都需要堅定地維持行為一致。

第二步　採用負向懲罰

即是移除某種孩子喜愛的事物，使孩子減少不合適的行為表現。

第三步　可免則免

即使孩子犯了錯，也無必要以體罰應對，畢竟暴力會導致挑釁及報復，更甚的是破壞孩子心理的健康發展。

第四步　不可犯法

無論理由為何，絕對不可以暴力、心理及性方面的欺凌行為虐待孩子，這些欺凌屬受法律制裁而有懲處的犯罪行為。

👍 明智之選

與其責罰，我們認為有其他的選擇。盡量接近孩子，並與他們輕鬆相處，以致孩子與你親近。

- 你可以開門見山指出問題：「我知道你唔鍾意做功課，話畀我聽點解？」

- 以成年人相處模式口表達你的不贊同：「老實講，你的那些藉口讓我感到不高興。」

- 說出你的期望：「我期待你可以告訴我，我能如何去幫助你？而不是迴避這些問題。譬如事情很難的話，我在什麼方面可以幫到手？」

- 給孩子示範修正行為：「孩子，讓我們一起坐下來，看看在完成功課方面的困難是什麼？」

- 提供選擇並展示尊重：「你認為艱深難明的科目，如果我幫你找個補習老師，係唔係幫到手？其實，做人嘅嘢喺唔同時段撞到啲問題都好正常啫，最重要係識得搵人幫手。」

- 讓孩子聽得見不良行為的結果：「當你找藉口而不做功課，我感到非常生氣和失望。我對你失去情感，右咁積極想幫你。但係，你都係我個仔，我仍然鍾意你。請你繼續嘗試。」

毛太有話說

不罰怎管！②

「開門見山直接指出問題，這十分符合我的風格。不過若果孩子常找藉口而推卻自己本該負責的工作，一定是有他的難言之隱。將心比己，才剛被人當頭當面責罰，我也會感到『無癮』，

點會想『盡訴心中情』呢！」毛太自言自語。

「雖則說可以『開門見山』地與孩子坦誠溝通，因為孩子在前面是被自己責罵過，再次坐下交談，也有必要輕聲細語，用上委婉的言辭吧。」毛太有所領悟地說。

我以為毛太的可愛處，就是擁有「內省」力，雖然會在見面初期滿腹委屈，可「柳暗花明」，總會有想得通而對為人父母重燃信心的時候，同時又替自己找出點子。

父母越是在意孩子，就越是擔心又惱怒，此乃人之常情。內省力人人都有，只要冷靜下來，打開「錦囊」參考一下，你也做得到。

❓ 家長提問

家長甲：

我丈夫堅信自己的兒子和女兒，所有科目一定合格，若然事與願違，他會扣減孩子零用。我則認為，若是他們能夠合格一科我就獎賞一次，這不是更具鼓勵，以致他們更加勤力讀書？

麥姨姨：

我們認為用上處罰，長遠來說，其實是減低了孩子學習或工作的欲望與興趣。最好的學習是孩子能夠掌握某個學科，甚至對此科目產生興趣。幫助孩子找到方法去理解學習，並引發內在對學習的喜愛似乎更為重要。

當孩子在測驗中取得滿意的分數，這對他來說已經是最好的獎賞。當他得到老師及父母的認同，等於他已獲取社群關係中最重要的後盾支援。相反來說，如果孩子在某科目中未能合格，心裏感到戚戚然，在這個時候，他最需要的是得到家長及老師的理解，並及時獲得援助，共同尋找自己改善的地方和做得更好的對策。

如前面所說，正面增強（Reinforcement）可見成效，正如獎賞一個合意行為的時候，相同行為更有可能再次重現。反之，除非以及時和持續一致行為落實處罰，可惜處罰並不會減少不合宜的行為。

感到沮喪的媽媽：

兒子常表示沒有功課，躲進房間裏上網打遊戲，直至凌晨。對於兒子這樣說謊，我常失去耐性，大發脾氣，對他鬧罵一頓。

麥姨姨：

我們能理解母親難受之處，並同時明白，母親其實知道有問題，只是兒子不願意與自己分享而已。要爭取置喙立場，經常性的吵罵和處罰，並不是妥善辦法。相反，越是鬧和罰，孩子越是躲藏，雙方只會陷入更多謊言的境地。所以第一步，媽媽需要和孩子談話，並細心聆聽孩子的困難，從中找出導致孩子提不起勁做功課的因由，繼而對症下藥，提供幫助，共同找出解決的可行性。下一步，也要跟他說明網上遊戲的好處及壞處，一同商量並

達成折衷方法：譬如做完功課後，兒子可有「輕鬆小休」時段，並容許在此時段上網玩遊戲。最後，必須讓他知道，沒有完成功課的結果就是惹得老師及父母生氣，便再不願意幫助他了。

少年 14 歲的煩惱

他對學習失去興趣，並且不願意上學。每天都感到不高興。

他說：「若然父母冇將我每日逼得咁緊，叫我考到好成績，又阻止我出街，我或者未必覺得要搞對抗，搞到成日唔開心。我好憎佢哋，同時亦都好嬲佢哋。我好想離家出走。

有時我會諗，如果佢哋肯聽我講嘢，唔係淨係指使我做嘢，彈我，或者會有啲嘢唔同。

我淨係得一個爸爸同媽媽，其實心入面實在唔想離開佢哋。」

麥姨姨：

我們知道面前的孩子，需要被人聆聽，尤其是父母。只有父母能夠針對孩子心中所想、所需，並掌握什麼是他力有不逮的事。與其只是著眼於學業成績，父母不如鼓勵眼前少年，與他一同計劃未來，追逐夢想。我們明白學業上的分數必須高企而具競爭力，才能讓孩子進入更優秀的學府學習；不過，事情的另外一面是，若然每個青少年都可以依據自己的興趣而得到雙親支持，異迴於單為著滿足父母心中理想的局限性，他們或者會更加快樂。

目前來說，青少年在生活中正面對著與成年人同樣多的各種

挑戰，因此學習如何為自己建立實際及可行的目標，是刻不容緩的需要。面對壓力，生氣懊惱或訴諸暴力都不是適當的方法。

　　父母和老師更有需要留意、聆聽及以有效的技巧與孩子溝通。孩子已經逐漸長大，不能把他們當孩童對待，需以互相尊重的態度。在莫說當今科技發達，孩子在這個時代下變得更聰明，更能以開放的態度迎接新事物，成人可以指引、啟發及成為孩子的後盾，打開新的希望篇章，著重以孩子需要為大前提（非自己的需要），以探索更多未來的可能性。說來奇怪，往往大人認為不可能的事情，雖然當中亦需要努力開拓，現實中卻並非完全不可能。我們目睹過不少幸福的案例，期間只是因為孩子得到鼓勵、尊重和支持而最終將心中所想得以實踐。

助益式讚賞	敘事式讚賞
	描述你的感受
	表達感謝的心情

心意相通，正面感謝的情感溝通，讓青少年感受到父母的心意，孕育美好連結。

建設性批評	對事不對人：描繪事件及事實，糾正錯誤而非指責孩子本人
	請謹記：孩子會有感覺
	向前看：不要停留於過去
	有時，緩延批評更有好處
	說出想見到的：正面方式說負評

即使有所建言，和顏悅色時也以愛及柔情處理。

懲罰以外的明智之選	開門見山指出問題
	以成年人相處模式口表達你的不贊同
	說出你的期望
	給孩子示範修正行為
	提供選擇並展示尊重
	讓孩子聽得見不良行為的結果

盡量接近孩子，並與他們輕鬆相處，以致孩子與你親近。

2

第 二 效

共享好心情
以高情商伴隨學習

我們都擁有正面與負面的感受。有時當孩子行為失當，大人會在不知不覺間將自己的情緒加諸在他們身上。我們正想知道，作為大人的我們有多常會作出以下的行為：

　　孩子：這是什麼作業？我想不出任何可以寫上去的東西！

　　父母／老師：你當然可以！別再老是投訴，集中精神，趕快做功課啦！

　　孩子生悶氣，對眼前這份作業失去耐性。以下回應會否更好？

　　母親：「別擔心，讓我看看可以怎麼幫助你。我們一起研究這個課題，一起把它處理出來吧。」

　　孩子立刻感到備受支持，同時亦會更願意繼續面對眼前難題。

　　哪個回應會更受歡迎？不言而喻吧。

　　情緒有很多種類，分正負兩面。正面情緒包括歡愉、驚喜、高興、勇敢和好奇；負面情緒如憤怒、悲傷和羞愧。正面情緒有鼓勵作用，負面情緒則會讓人迷失以至妨礙目標導向。孩子們會觀察大人行徑並從中學習，因此，成年人表達更多正面情緒至關重要。

　　傳統上，人們認為只有弱者才會展示負面感受，對於這種情感，常會隱藏甚或躲避，甚至不允許自己去感受。更多的是，除了自己會避免感受情緒，同時也迴避孩子或其他同事伙伴的傷痛情感。這樣一代傳一代，其間就沒有人容許展露或者接受負面情緒。

　　事實上，對於負面情緒，只有接受及感受，才會得到療癒；相反，不接受或避免感受負面情緒的壞處就是：對於傷痛的感覺，我們更難以接受，並因此在生活中灰心喪志及失去平衡感。有時逃避痛感，反而更會導致精神健康問題。話說回來，若然我們能夠接受自己哀傷的情緒通過哭泣和叫喊抒發，眼淚將會幫助我們紓緩哀痛與失落，並恢復心志、著眼向前。

何謂情緒及情緒功能？

根據牛津英文字典釋義，情緒是指任何思想上的躁動或騷動、感受、表感、激越或興奮的精神狀態。

情緒是一個人能夠在生命中所經歷的感受、情感及情態。情緒有多種，是行動的訊號及應對不同情景的即時反應。不同的情緒代表簇新的驅動，以致大腦及身體可瞬間讓生活中不同反應迅速就緒。

惱怒：血液向手掌流動，心跳加劇，腎上腺素激增以產生足夠的急遽能量，以作肉搏或擊打。

驚怖：血液向腿部肌肉流動，致使能更快起跑，大腦觸動腎上腺素讓身體處於警戒狀態，讓身體注視眼前威脅並評估最佳反應。

厭惡：感到討厭的氣味或味道，上唇會向邊緊抿，鼻孔關閉拒絕討厭的氣味，或吐出難以下嚥的食物。

憂傷：能量退減與新陳代謝緩慢，以至身體調緩內耗，比如痛失親友或生命中重大的失望。

愛：柔情及性滿足而激活副交感神經，並產生促進協作的鬆弛、平和及滿意感，這正與由惱怒及驚怖所衍生「戰鬥或逃跑」的生理反應相反。

快樂：大腦中樞的活動增加，抑制負面特質及提升能量，

並減低憂慮思維。身體得以休息和緩解，對不同的目標再生熱忱及意興。

　　這些生理傾向是由我們生活經驗及文化塑造而成。舉個例子，對於親人離世的哀悼方式，南美與中國的就有不同。大多數情緒反應，則是由我們在家教養及環境造就而來。

　　一般而言，我們留意到有兩個會心知道的方式。第一，是具有意識、察覺及深思的「理性思維」（即頭腦）；另一個則是衝動或欠理性的「情緒思維」（即心）。在大多數的情況下，兩者和諧協作，指導我們。當激情掀起情緒波動時，「情緒思維」傾於主導。

情緒如何運作？

讓我們為情緒系統的生理方面作一簡介。

情緒系統：表感／情緒的位置

杏仁核位於腦幹上方，在邊緣系統的底部，形狀類似杏仁，相互連接，大腦左右半球各一顆。當海馬體擔當事件的短期與長期記憶之際，杏仁核則精通辨識自己與別人的情緒，並具備情緒記憶儲存庫，這包括激情、驚怖、盛怒、哀傷及眼淚。舉例，認出叔叔的面孔是海馬體的功能，喜愛這叔叔與否，則是杏仁核的判斷。杏仁核越是興奮，記憶將會更為深刻。

美國神經科學家 Joseph E. LeDoux 率先發現杏仁核主導情緒產生的作用，他解釋當大腦新皮質在作決策之際，杏仁核控制主導權並決定我們的反應。杏仁核及其與新皮質相互協作負責情緒智商。心理分析學認為孩提時與照顧者的交集，形成人們適應下來和心煩意亂的情緒經驗，LeDoux 的研究肯定了這方面的見解。

什麼是情緒智商？

心理學教授 Peter Salovey & John Mayer（1990）將情緒智商定義為五方面的能力：

① 認識自身情緒的能力：自我察覺，當情緒生起時，認識自身情緒。

② 管理自身情緒的能力：妥善管理自身情緒的能力。

③ 自我激勵：有能力面對自己想實現的目標，進行自我激勵、發揮長處和延展創意，並具足自我控制力，延遲享樂及保持節制。

④ 認識他人的情緒：對他人的各種感受具備同理心，並對他人微妙的社交訊息能設身處地且快速地進行直覺判斷與回應。

⑤ 人際關係管理：指處理他人情緒並與人順利交往中社交技巧的才幹。

男性高情商者社交上長袖善舞、外向、歡愉、少焦慮並具備信心及有責任心。女性高情商者擁有表達能力，善於直接並恰切地表現感受、外向也在群體內活躍，有正面的自我感覺同時認為生命具足意義。

焦慮或憂慮對精神方面的表現產生損害。心理學以一倒轉的 U 型形容焦慮及精神功能。過多的焦慮怠延有效的行為實踐，過少的焦慮又使人缺乏動力懶頭搭腦，沒勁作出更進一步的努力。焦慮及行動成效的關係是：百分之五十的焦慮狀態，為最佳推動出色成效的動力佔比。

「好心情」致使人們擁有更高的彈性，無論知性上或人際關係間，都能更有效地解決問題。常開開玩笑和開懷大笑讓人腦筋更開通，在通達的想法裏思緒流動，這正是創意及覺察多角度的思維特質，不用說，也正是有效解難的表現。「好心情」又讓人更多地記得正面事件，心中所持多是事件中好多於壞的結論，由此，更具冒險精神而勇於在困難處作出決定。

相對而言，孬心情扭曲記憶，只往壞處想，會害怕下決定也過份思慮。這樣說回來，失控的情緒窒礙知性認知。相對而言，正面思維中最重要的是心存希望及樂觀通達，因此，我們應更要懂得納取正面情感，將自己帶回能力磁場裏。

道理同出一轍，孬情緒亦會進犯我們的精神健康。在憂慮、憤怒、鬱悶的心情下，學生不欲也不會學習。這狀態的學生，不能有效內化各種知識，同時也不能取得充分理解更妄論善加應用。

我們的作意或注重力因強大的負面情緒被扭曲，產生先入為主的成見及畏怕。諸如：「我必須做得好，否則愧對鄉親父老」、「我必須力臻完美」，都讓人喪失焦點感到不知所措，手上工作頓被怠延。

話說回來，正面思維裏的鼓勵、熱誠、信心給孩子們提供了希望及爭取成功的奮發。大多數美國父母願意接受孩子的薄弱面，強調揚長並培育強處；亞洲父母則著重堅實有力的傳統文化道德，並相信由此轉化為更強的動力與忍耐力。常言有道：只要有恆心，鐵柱磨成針，到底我們能否駕馭情緒，使其提升自己的思考能量，擁有計劃、追求目標的能力，實是關係到情緒智商了。

心法：時間的修養

給孩子時間

　　共享好心情，顧名思義，只有在父母保持心情開朗下，孩子才能共享「好心情」而得到父母幫助緩和環境改變的壓力，共同活得快活幸福些。在深造情商技能前，首先是觀念上的更新。

　　在此，我們想提出一個新的設想——所謂情商，涉及的是「新的時間修養」。

　　生下孩子之後，家庭添了新成員，父母都會在經濟、教育、家居住屋等全力以赴，給予孩子最好的照顧。其實真正該作出的預留，甚或是更為重要的，是「給孩子時間」。

　　諷刺的是，當我們踏入生兒育女的年紀，也正是工作上拚搏的年華，生活圍繞著效率與競爭打轉，一天下來，回到家裏已經筋疲力盡，這種累垮的狀態，並不能稱做上乘的時間品質，正確地說，或者就是一天裏最差的時間了。偏偏這僅餘的時間，就是我們給予伴侶、孩子或朋友的時刻。

　　看著鐘趕時間，父母能有多少耐性騰出平靜的空間，允許自己與孩子對話，細心觀察、聆聽孩子日裏的經歷，並作出適時的指導？

你或許曾看過這樣的一則廣告：父親公務繁忙，最終卻能及時出席女兒的舞台表演，拍下女兒婀娜多姿、趣緻可愛的台上舞姿。重點在哪裏？就是「及時」。自己沒有錯過之餘，在旁太太盼望丈夫一起的期待被滿足了，女兒有父母同場捧場，表現落力之餘又獲得認同。

「及時」就是時間的運用。有了孩子的父母，必須接受家庭結構已有改變這個事實，從時間的運用上，調校出一套把它用在對的地方的本領。

把孩子視為重要的父母就是要把時間放在心中至為重要的事情上。孩子隨著光陰漸漸長大，如何共享好心情一同把各自的份內事及角色做對做妥，實是優先次序的問題。只要有決心，著手時間運用的設想，養成這方面的識見，與時並進，終歸是共有福氣的開始。

過程的重要，不錯失過程

在生產力及目標為大前提的風氣下，我們被各種難以達成的目標牽著走，時間塞爆，日程滿檔。就算是旅行也只是為了到達一個地方，由一個景點轉追下一個，而不是享受一趟旅程、欣賞沿途美麗和品味箇中的交集。這種唯目標是問的生活方式，有讓我們充分享受生活及生命中有價值的事情嗎？我們是否需要送給孩子這種追趕目標的價值觀？或是作為父母的我們認為自己有決定權，教導目標為本之餘，也騰出平靜的空間，呈現

充分體驗過程這種示範。莫說生命中有價值的事情，幾乎都在從容中延展，比如與孩子的擁抱、一同失望又互相鼓勵的當刻、共同欣賞日出日落的寧靜、為美食而歡呼的滿足……只有時間帶給這種體驗，也只有著重過程才能充分感受。

有所謂天下事有其時，培養在時間過渡中的耐心，就如作為父母深明自己孩子天性中更為正面的傾向，以時間滋養，不讓孩子隨環境而迷失，展現其成有時的發揮。

有社會學家（Epper et al., 2020, 2022; Golsteyn et al., 2014）指出，有耐性的父母，會培養出有耐性的孩子，好耐性的孩子相對具備自控力並擁有更成功的人生。

「及時」是時間運用的先後緩急，「不錯失」是懂得用對時間，在過程裏有一份耐心及從容，讓事情在起承轉合體現美好。

「好心情」就是急不來的，要高情商先要具備及掌握這個時間修養。

> 情緒的共在是以時間的滋養……
>
> 在人生或者職業的各種事務中，性格的作用比智力大得多，頭腦的作用不如心情，天資不如由判斷力所節制著的自制，耐心和規律。
>
> ——海明威

高情商，從何做起？

　　美國人格與社會心理學家 Walter Mischel（Mischel, 1974, Mischel et al., 1972）於 60 年代在史丹福大學，以四歲學前兒童為研究對象，探究在棉花糖實驗中選擇延遲滿足感的做法與孩子未來成就的相關性。研究追蹤同批兒童直至高中畢業，並發現可由四歲時為了未來獎勵而堅持忍耐更長時間、具備情商自控力此項基本技巧的兒童，預測其成年時會擁有更好的社交能力，更有效能並善於應對挫折。

　　家庭生活是第一處地讓我們學習如何表達或展現情緒（如害怕或期待），不單只限於親子的交談，其間的互動也是重點。加拿大心理學家 Albert Bandura（1961）於其社會學習論指出，在孩子溝通模式中觀察學習有強大的影響力（研究裏一四歲孩子親眼看見父親打母親，她跑回自己房間拾起洋娃娃並以同樣的手法打起洋娃娃來）。

> **正面的關係**
>
> 社交情緒與學習成果有正面的聯繫
>
> 有研究（Brenoe & Epper, 2022,Jones et al., 2015）發現擁有社交情緒的兒童，會在長大後擁有較高學歷、更高的就業及較低的犯罪活動。

社交情緒學習：知己知彼的學習

在家情緒氣氛是影響孩子社交情緒智能的其中一個元素。簡而述之，就是在家各成員以何種氛圍互動交集及對應。這可由家庭成員的關係、父母與子女的關係、父母管教的作風及家中情緒氣氛反映而知。

給孩子感到安定力的家庭關係，有助穩定孩子情緒，其間孩子會更願意表達，也因感到父母的親切可信，有更強心力作出情緒管理，而符合社會規範及維護他人幸福。

原來父母在情緒管理上，有了維護他人幸福的考量，孩子也會依樣畫葫蘆作出相同的行為。正如社會學家（Morris et al., 2017）所指，孩童的情商發展，是由觀察而從中學習，父母如何應對自己的情緒，孩子全然看在眼裏。父母給予孩子適時的情緒指導及家庭中的氣氛，都促成孩子的情緒智商。美國學業與社會情緒學習協會（2003）推崇學校教育與社會情緒為學習根基，旨在培養學生理解情緒，正向回應及善待他人，並以有效解難技巧處理日常衝突。

話說回來，既然明知孩子先向父母學習，社會學家（Darling et al., 2019; Zins et al., 2004）也就致力讓父母先學習社交情緒，名師出高徒，父母既然深明自己有身教的責任，先學好社交情緒，似乎是不二之法了。

父母與孩子的關係緊密如斯，要共享好心情，先要理解自己的情緒。所謂知己知彼，個人價值觀裏的重點，了然於心，

重要的時刻就自然願意安排更多的時間，作出管理。孩子感受到父母的耐性，自然也會學習到如何衡量輕重，尊重相互著緊的價值觀，也作出節制。獲取內在的平靜，使人知道如何管理時間，發現自己的優勢和局限。家長擁有此項自知和自我察覺的能力，以孩子幸福為大前題，顯示同理心及關懷他們的情感，連帶地得到了父母正面情緒的孩子，也能以安穩的腳步解難，雙方真正做到**共享好心情**。

 **個案分享**

長伴一生的畏懼

現年 19 歲的瑪莉說，八歲那年她在客廳上網玩遊戲時，母親顯得坐立不安。當她成功晉級，遊戲程序響起熱烈鼓掌的喝采音效而她正萬分興奮之際，母親非但沒有意識到當時她的感受，且忽然吼聲大罵：「把聲量調小，我忍受不了。」

瑪莉因此彈跳起來，感到驚嚇與惆悵不解。自那時起，電玩時她再不敢開著聲響。在她記憶中，凡是母親處在同一空間，都要求她滅聲，這讓她感到惴惴不安。如果瑪莉沒有尋求治療，這「懼色」將一生殘留。

對於孩子的過失，與其將自己的意願強行加在孩子身上，有些父母會協助孩子找出解決方法；也有父母對孩子的魯鈍失去耐性以高聲叫罵「你真是愚貨」來貶損孩子。

家長育兒作風多是由自己父母處學得，並照板煮碗地施行於自己的下一代。你可試想想，父母是善於適切處理情緒而親切和藹？或是避開情緒？或是常處失控境地並加以施暴？無論何者，其於你有何影響？

毛太有話說

愛護下一代的心意

　　上中學的兒子，開始有了「同學約我出去玩」的行徑，週末更有「我今晚可以在同學家過夜嗎」的請求，毛太滿面猶豫，問問自己：「你會直接問他要同學的資料嗎？」

　　毛太顯然對自己的反應感到猶豫。

　　有人約會的孩子，到底反映了他在學校社交的受歡迎程度吧？

　　「這點我很明白，正如在中學時期，我功課做得好，也有一班好同學，自自然然會在假日相約外出。可是，一想起當時母親板起面孔，把我當犯人一樣地審問，就感到受傷。」毛太回憶自己青少年時與父母的相處。

　　「明明我都在學業上做得不錯，交的朋友思想正當，為什麼母親就看不到這一點，老覺得我就是會做壞事，不給予肯定之餘，也從不信任我。的確讓我受傷及氣憤。」毛太猶有餘悸。

　　這－就－是－重－點。

　　毛太仍然記得自己青少年的受傷記憶，不欲以此應對眼下已是青少年的兒子。

明白自己的心意後，毛太不再逗留在自己受傷的過去，把聚焦點放在眼前的角色，殷切地為自己找出代表心意的表達方式。

看得到嗎？我們總有屬於過去受傷的記憶，愛護下一代或者就是如毛太這樣，有「不想把自己曾經感受不好的遭遇」又重演一次的心願，然後，停一停，讓心思澄明，轉移對應的模式。

兩代人 # 可貴天下父母心 # 站在孩子角度因為自己也曾是孩子 # 做出來的盡量等於想表達的 # 孩子感受到父母心意也會更顧己及人

圖片來源：CANVAS

家長甲：

　　我家孩子小力，即使他老認為自己做得不錯，實情是，考試結果卻強差人意，與預期相差萬丈遠。現時他整天癱軟在床，感到氣餒貌似放棄，我可以怎做？

麥姨姨：

　　孩子極需要父母願意聆聽並分擔自己現下傷心的感覺，家長就此應對：「這實在讓你感到沮喪及不高興吧⋯⋯」或許是時間管理失誤以至未能答完試卷上全部題目，或許他對於有些題目仍未充分理解；即使孩子在事前已作出努力，父母應協助孩子查明事情背後的問題，並一同商討某些日後可行的對策，會讓孩子感受到父母的關懷。

家長乙：

　　我家女兒 12 歲，最近精神散渙，對於即將舉行的中期試，無心溫習。事由是她被最好的朋友背叛了。基於信任，女兒告訴對方自己心儀的男生名字並請她保密，可對方竟就直接告知那男生。女兒心裏定必猶豫著是否直斥她朋友的行徑，也擔心自己可否再相信她。

麥姨姨：

　　其實，這正是孩子學習的好時機。倉促的建議會讓孩子感到被冒犯了（不是常聽到孩子叫嚷到「不必老指示我怎樣做事」嗎？），家長盡可不即時給予意見，但必須先細心聆聽孩子想法，並理解她自己決定的對策。其後，家長可以這樣提問：

　　「如果你……你會認為這樣有幫助嗎？」

　　「這種做法你同意是合理又有意義的嗎？」

　　「若是你……，將會有怎樣的事態情勢？」

　　這樣的留白，都能讓你女兒對於你的想法騰出一個空間傾聽、接受或拒絕，也琢磨並發掘各種意見。這樣，她會適時與你對話並讓你知道她的方案與事態發展。

家長丙：

　　孩子看下去就是有心事，但當家長欲問情由之時，孩子會說：「沒事，冇嘢」或「不知道」，這是什麼因由呢？

麥姨姨：

　　父母審問般地探知孩子心情，常讓孩子感到不適，這種時候，孩子與其打開心扉說亮話，更多的是選擇防範與封閉。就此父母可先試探：「在被戲弄下，或其他你遭遇到的不開心的事情，人都會感到受傷，這些我都能明白的。」這種說法，讓孩子明白到，若他們感到有需要詳談，你已準備好並隨時把時間留下來陪伴他／她。（我們常常說讓孩子確信你是他們永遠忠實的粉絲☺）

常見的家長作風

　　以下內容列示了常見家長界限的作風，家長們可看看自己屬於何種屬性，特別要留意的是：請注重並察看各作風對孩子的影響。

　　不同家長界限風格及其結果，摘自 Dolhanty et al.（2022）：

　　① 水母：是親切和藹型，具有讓人無法抗拒的情緒，對於家長激烈而難以預測（如這分鐘一個樣下一分鐘即變臉）的極端，孩子覺得自己就是禍端，責任難逃。

　　② 駝鳥：家長嚴格監督，性情可被預估，常避開處理自己及其他人的情緒，孩子需要學習管理情緒。

　　③ 袋鼠：家長過度保護及參與，孩子變得事事依賴父母。

　　④ 犀牛：家長控制他人，輕視情緒，不屑一顧的態度使孩子要嘛服從要嘛抗爭。

　　值得推薦的是以下兩型：

　　⑤⑥　海豚及聖伯納犬：家長提供保護、理解及支持，並關注情緒，小孩會感到被指導、被理解及獲得支持，無論經歷任何情緒都不會感到害怕及受輕忽。

> 界線或界限，指的是訂立底線或取得共識有關何為接受與否，以致孩子們在做決定時有所依據並可以將其納入考慮當中，也因此被鼓勵合作。

第二效 父母可以送給孩子情商嗎？ 一連串禮物的延續

也就是說，社會學家早以父母的行為作風分類，以觀察其對孩子在情緒上的影響（見第一效：家庭互動的環境）。除上述以界限為區分作出分別，也有以對孩子的情緒應對程度（其中有自由的給予及親切的感覺）及要求程度兩軸以識別家長管教作風。說到底期待孩子在學習上有理想的成績，這是人之常情的父母心願，如何處理才是掌握的重點。

「好心情」背後乃是時間運用的重塑，又了解到孩子情緒的波動是我們真正要關心的重要事情後，在以上家長風格裏的介紹，家長有自我察覺一下，看看自己是屬於哪個類別嗎？無論是哪一種風格，你專屬的風格都會傳染給下一代。或者可以看看以下三種作風，在情商要素的忍耐力和自控力上，家長送了什麼給孩子。

毛太有話說

親切的來由

小孩子透過觀察表情，會更明白人的情緒。常常笑容滿面的父母，與孩子有更穩定的內心連結，孩子也較願意對別人投以信

任，報以笑容，在社交情緒智商上，會有更好的自控及親和力。

「孩子更小的時候，我放工腳一踩入屋，常常春風滿面地喊叫他們的名字，這麼大動作，就是想讓孩子感到自己就係如珠如寶地被母親愛錫，這樣子，孩子心中有愛，便增添抗逆力。」毛太憶述。

確實上學中的孩子，在學習知識之餘，也在與同學老師交往中學習社交技巧。照此道理，毛太可以對兒子投以一定程度的信心，長大後懂得鑑貌辨識是一回事，現下能夠敞開心扉真情流露、實踐社交情緒智能似乎更重要。

「即是話，兒子心裏感到踏實及安全，在學校與友朋一起，也會對別人投以信任，心裏所感表露無遺，多多表情。」毛太笑著發現兒子的優點也同時感到自己的「作為」有正面回報。

有情感充沛的媽媽，也就可能有舉止相若的孩子。毛太透過親和力與兒子產生連結，多加留意應允孩子情緒，可讓他們更好調節成長中較合適的社交對應行為。

兩代人 # 父母笑容 # 孩子歡樂多 # 透過表情辨識情緒
父母與孩子連結 # 親和力 # 應允孩子情緒

① 獨裁型家長對孩子有嚴格規限，要求孩子遵從自己的期望及想法。此類為之高控及低自由。

② 放縱型家長則行為相反，任由孩子選擇並甚少表述期望及要求。

③ 恩威並重型家長仍會嘗試影響下一代的優先緩急，並確認孩子的選擇是導向未來的成功；即給予自由又施行高控。此類父母有長期一致的準則，在「嘮叨」孩子之餘也以行動支持，這是最需要下足功夫的家長類型。

忍耐力，即為了長期利益的達成來衡量眼前享樂的孩子，有更正面的人生結果。大概期待著孩子成功的父母，都恨不得把自身的忍耐力傳承下去。正如大家所想，不同風格的父母在傳承耐性這一道，會有不同的表現。誠如獨裁作風的要以紀律治家，展現耐性又談何容易？或者放縱型會以寬鬆及容忍作為示範，讓孩子耳濡目染。相對於獨裁型，恩威並重型當然要求孩子學到足，本身欠缺耐性的，也會阻止孩子有樣學樣。

為下一代好，是父母的出發點。讓人感到有趣的是：哪些家長「好」的行為，會如一份珍貴禮物般在下一代延續？在孩提時「落了藥」，延續性有多長久？調查（Brenøe & Epper, 2022）顯示，家長的價值觀絕對影響孩子的忍耐力。價值觀導向讓孩子在社交情緒學習上有更顯著的正面結果。調查追蹤 40 年，指出在孩提時已內化父母對於耐性情緒管理及處理重點的孩子，長大成人後仍沿用其道。這也說明了父母的好心情是可以送出去與孩子共享的，中國人所說的家風大致如此。

因此期望生活幸福，父母對待人生的態度，即碰到事情發生時自己如何解讀及反應、以什麼修養參與其中，將是最有力的決定因素。孩子經由我們一手培養，說到底我們的時間就是與他們的時間交集在一起的，共享好心情，就是介入了我們的

努力，應允情緒並疏導轉化，成為幸福的共有動力。

父母影響力的異迴

　　男女有別，父母在培育孩子耐性這課題上，也有不同的影響力。父母所持的價值觀固然是為關鍵，把時間花在孩子身上，也要運用得宜。且看研究結果以作參詳：

　　· 在獨裁型及放縱型裏，母親時間越花得多，女兒越能接收母親時間運用的特質，也更具耐性。母子配，就說不上有強效關聯。

　　· 放縱型的父親，對兒子及女兒都有其影響力。

　　· 獨裁型父親對兒子有影響力，但面對女兒時威力頓消。而恩威並重型中，父母對女兒都有作用。

　　· 時間運用上，母女／父子配尤為明顯。

　　· 恩威並重型及獨裁型媽媽，時間花得有價值。投放越多，孩子越受影響。

　　· 威恩並重型及放縱型中，多放時間的父親，並不見得比少放時間的父親更有影響力。

　　雖則研究結果有這些發現，我們仍然推舉父母給孩子時間的觀點。請謹記：時間多與少是一回事，能夠花得起多時間的父母固然是擁有幸福的條件，可其間如何輸送「好心情」，也有高情商的學與習。相對起「時間緊」的家庭，如何做到「及時」和「不錯過」，情緒管理更是不可或缺。無論你家長作風如何，

其對孩子都具影響力,「禮物」如何派送得更得宜,可參考看以下案例。

❓ 家長提問

家長甲:

　　暑假完結了,我正落力嘗試讓孩子們在上學前一晚早點上床,最小的孩子卻老是磨蹭抱怨又調皮搗蛋,這來回就糾纏了超過 15 分鐘。我真是忍受不住了,禁不住就快大發雷霆之際,立刻離開房間,並請求丈夫收拾局面。其實我可以怎樣做?

麥姨姨:

　　我能明白你正在經歷什麼。要記得任何愉快的孩子都會聽話。或者你的孩子正想聚精會神地享受漫畫閱讀卻被喝止,因而扭計、使壞脾氣又不高興。

　　在宣佈壞消息前先發放一則使人愉悅的訊息是其一方法。「孩子,明天就是新學期的開始,我們來談談在新的學期中,你會想看見什麼新東西?有什麼打算?希望什麼又期待什麼呢?誰將會是你的老師?你要好的朋友會在同一班嗎?」

　　這樣,孩子會更願意交談,在交談甚歡時,你可以這樣建議:「就讓我們為新的一天做準備吧,書包收拾妥當後早點上床休息。」這種自由交流,媽媽聆聽了孩子對新學期的期望與憂慮,讓孩子感到備受理解及鼓舞,也善巧地避免了相互的對峙。

家長乙：

　　我反對。你意思是要大人取悅小孩，這於理不合，大人為小孩作出最佳決定，這從來就是不可置疑的權威，小孩理當遵守規矩，上學前一天早早上床睡覺。

麥姨姨：

　　家長當然擁有權威，只是恩威並重比獨裁更得宜。其中的分別是，你或有至高無上的權勢，與其單只運用強權與叫喊，相互的尊重更有效。

　　小孩與大人一樣，在考慮你的要求下，會有隱私的思量，先莫說大人是站在較佳位置協助他們釋疑解難，實情是，只在其思慮被完全聆聽後，小孩感到安心及舒暢，自然會更易遵從大人的意見。

十歲女生的想法

女生：

　　「媽媽總在餐桌上叨念，老說我應該多吃蔬菜，我不是都在吃嗎？可是總達不到她心中的『夠』，每個晚餐老就在這根節上起爭執。我真討厭她，真的再也不想與她共桌同吃。」

麥姨姨：

「你明白蔬菜對身體健康的重要性，媽媽能怎麼做你才吃得順遂呢？」

女生：

「只要她容許我有一碟自己喜歡的蔬菜，用膳時並由著我慢慢來就可以了。」

看，在讓此女生吃蔬菜的難題上，總有分享心聲、相互協商及折衷的空間。

小孩也好，青少年也好，都會感受和展現某種情緒，父母若錯過了在這個重要時點（畢竟他們感到無比重要），會導致與孩子溝通及支援需要上產生落差。

相反，父母能多覺察自己處理感受的方法及其對孩子的影響，將會學習到更高情緒智商及體察他人與自己孩子的需要。大人小孩輕鬆自在，親子關係亦更融洽愉快。孩子在家庭關係中學習並建立情緒智商，信任父母並肩而行，跨越人生逆境。

向前邁進的最佳路徑：情緒需要

　　當大人普遍採用機械式安撫話語或忽略感受，應允情緒（Validation）是有必要的。比如：青年男生在考試前夕向母親表示：「我想明天的考試不會合格。」母親只顧著替兒子打氣，就這樣回應：「你真傻，你一定會合格的。」其實，她已經忽略了兒子憂心忡忡和畏怕的心情。兒子會認為母親沒有把他的話聽懂，她不懂他。

　　麥姨姨建議母親可以這樣回應：「我明白你對明天的考試感到憂慮或害怕，你其實已做了不少的準備，在現場盡力做到最好就是了，放心吧，不會有事的。」就是這樣，先接受兒子的擔憂，適時提醒及肯定他已下過的功夫，靜待佳音。

　　父母慎言，開口前先作想，聽得出別人感受及管理自我情緒，人際關係才會更上一層樓。

　　表二例示情緒發生因由及在其情緒下的需要，從中窺見到孩子想從別人身上尋取何種支援。

情緒需要

表二　兒童及青少年的情緒需要

情緒	原委	需要（父母所能的給予）
憂傷	遭人傷害、失去某人或一些東西	尋求安慰及接近
憤怒	空間被破壞、自主權受到威脅，目標有阻礙	需要空間蘊育果敢及自主權
畏懼	危險在前，感到害怕	尋求安全及保護
羞愧	做了不受相交群體接受的行為	安撫、原諒並重新投入社群
厭惡	置在反感或令人憎惡的人或事中	離開引起憎厭的人事
愉悅	有一重要的需要被滿足了	需要分享你激動
驚訝	未為所知或仍待發現的事	需要多些資料、時間及調查空間

個案分享

家長應允孩子情緒的做法

憂傷　☹

　　小菲掉失了錢包，感到不快，正要求母親來個擁抱及安慰。母親輕言慰語地說：「這完全可理解，那可是你父親給你的禮物，我知道你十分喜歡並珍愛它，沒有什麼能替代其中的情感，你當

然感到不開心。」

憤怒 ☹

小彪被其他班的同學欺負，他感到氣憤，氣沖沖地回家，大力關門直奔自己房間。父親看在眼裏，靜待半個小時後，敲兒子房門說：「我可以進來嗎？你想告訴爸爸什麼事讓你如此生氣嗎？」爸爸與小彪交談，並在交流中幫助兒子梳理思維，讓兒子對欺凌遭遇整理出對策，父子倆的結論是兒子決定向校長申報，小彪從而感受到父親的支持。

羞愧 ☹

昨天是母親生日，大偉因忘了準備禮物而感到消沉，覺得自己萬般不是也感到愧疚。媽媽知道後咧嘴而笑：「你就是我這生中最大的禮物了，任何物質上的東西都比不上你的真誠啊！」

愉悅 ☺

菲力在足球賽最後時段一球定勝負之際，為球隊入球贏了比賽。他眉花眼笑興奮莫名，對關鍵一球高談闊論，可是，母親忙著其他事情而未能感染到菲力愉快的電波，一味吩咐：「做得好呀！現在是時間換件衣服，然後來喝個下午茶吧。」母親未能理解自己的開心之處也不能分享他的球賽成就，實在讓菲力感到心煩意亂，萬分失望之下立刻上樓。相對起母親，黃昏下班回家的父親反應卻截然不同，菲力把事情告訴父親後，父親高舉兒子並給他一個大大的擁抱，忘情歡呼：「我們家出大球星啊！」父子倆拳來腳往的延續歡樂。此刻，兒子深感父親是自己最佳知己，比母親更懂自己。

毛太有話說

失望的孩子想要什麼？

兒子考試在即，毛太顯得萬分焦急，為了立即停止兒子「慢條斯理的態度」，便敦促他快以「集中精神、全力以赴」此精警八字面對考試。

父母總是認為「孩子在不必顧慮父母情緒的安穩狀態下集中精神應對自己的挑戰」是理所當然的，但日常相處中，誰沒有情緒？天天在家見面的父母與孩子，要留意起對方的情緒，總都能感受得到的。我常常這樣說：「父母愛孩子，其實父母有否想過？孩子也愛父母。甚或是，無時無刻都在留意著父母的舉動。」因此，讓孩子「不必顧慮」中，還有父母如何處理情緒這一道。

兒子頓然成為「皇帝不急太監急」的主角，到底是毛太「太急了」，還是兒子「太慢了」？這不是一言兩語就能斷定的事情。

有所謂「事情」，當中包括「事」與「情」，有些事讓毛太覺得兒子「慢了」，情緒就因此判斷生起，產生了非得要他「趕快一點」的想法。

著緊「兒子」與「考試中表現如己所望的兒子」中間有分別嗎？毛太不情願地說：「期望兒女好，有何不妥？」沒有，這乃是天下父母心啊！難是難在如何演繹那個「好」字。

考試中表現如己所望的兒子，固然「媽媽好，兒子也好」；若然事與願違，難道「媽媽感到不爽時，兒子不會感到不濟嗎？」

有試過阿仔考得不如你想時，你會怎樣？

毛太一貫快的作風說：「我一定批評他！」

「兒子怎樣反應呀？」

毛太更快地說：「我批評他，他當然不會開心！」

大家靜下來，留下了一片寂靜，給毛太一個思考的空間。

毛太緩緩地說：「或者在他感到不高興的情緒裏，也有對自己成績失望的部分……。」

毛太體會到兒子也會有失望的情緒，與其慣性地「當頭棒喝」，下次懂得安撫後共尋對策。

\# 兩代人 \# 相信孩子也想好 \# 感到失望的孩子需要的是父母的安慰 \# 讓孩子想好的動力得以展現 \# 事情中建立親子聯繫

指引

1. 比起否認孩子感受，讓他們聽到你慰藉的話語，接受他們的情緒。

 孩子：我討厭這個故事。

老師：噢！你不喜歡書中的某些人物，是吧？

2. 在批評及埋怨前，大人可以細心聆聽並以「嗯……」或「原來如此……」回應。

3. 大人喜歡給孩子建議並老把孩子的論點扯上現實予以釋義，有時以果釋因，有事後孔明之嫌，正如：在溺水的孩子，

不宜教授泳術，得個講字，只屬於嘴上說說矣。

4. 儘管你能夠制止孩子難以接受的行為，但仍需接受他們的感受。譬如：「門都被你踢出洞來，我理解你現在定是十分嬲怒。我不認為踢門發洩怒氣是可以接受的做法。來吧，坐下來告訴我什麼事惹得你生氣。」

更多技巧

1. 老生常談或妙用哲理也是大人可用的伎倆，如「世事無難事，只怕有心人」。

2. 提出問題。

3. 表達同情，展現憐惜：「你真可憐呀！」

4. 分析事情：「你不喜參與，可能只是潛意識作怪吧。」

結語

所謂知己知彼，知己即是父母自知自己情緒並妥善表達感受非常重要，尤其是父母以身作則，樹立良好榜樣；知彼是指讓孩子的任何感受和各種表現，都得到父母親的應允、容許、支持、理解而不困惑迷失。當孩子或青少年處於輕鬆自在的狀態，並確切父母心中是關注自己的，他／她會感到安心輕盈，腦袋更能開放、具備創造力，從而具足上進心，展示目標追求行為，勝券在握，這正是有力學習的特徵。

共享好心情	時間的修養
	給孩子時間，做到及時
	過程的著重，不錯過

時間的運用，騰出優質時間，給生命中重要的人，讓時間滋養共在，共享好心情。

社交情緒與學習	自我覺察
	自我管理
	社會覺察
	人際技巧
	做負責任的決策

由父母做起，以身教開始，示範情緒管理。

應允孩子情緒需要	憂傷求安慰；憤怒求空間
	畏懼求保護；羞愧求安撫及原諒
	厭惡求離開；愉悅求分享
	驚訝求時間及調查空間

看懂孩子情緒下的需要，應允情緒的發生及回應其需要。

3

第 三 效

非豬隊友

發揮協作效能

「我真不想……上床睡覺……做功課……吃
晚餐……」

　　有時候，我們好好地懇請孩子去做一些事，卻換
來他們「不情不願」的反應，孩童與青少年皆同。我
們作為父母，常想到「為何他們不聽話」而感到困擾，
因此，陷入一系列隨之而來類似對立的權力角力爭論，
細想一下，在此過程中，父母想要爭取的就是與孩子
的協商與合作。

第三效 何謂協作？

協商與合作（協作）指的是一起落實共同目標。在展開行動欲求達至任何結果前，雙方首先必須理解目標是什麼，並對訂立的目標產生相互的認同。

我們常會聽到家長投訴，例如：

「為了孩子未來，我們已準備了各種優渥資源，並規劃好理想目標，可是，他們總是不予理解！孩子們不就是予以合作、同意並實踐……」

「這都是為他們好……」

「我們願意為孩子付出一切，免卻他們有可能碰到的傷害與困難……」

反之，孩子和青少年會這樣說：「什麼能做什麼不能做都事事提點，這樣很讓人討厭！我真不需要父母為我作人生計劃。」

> 要協作，先做好自己……
>
> 每個人都不是一座孤島。一個人必須是這世界上最堅固的島嶼，然後才能成為大陸的一部分。
>
> ——海明威

事實上，儘管一般父母努力尋求資訊和協助，並探索更多更新的育兒技巧，但他們其實並不理解孩子真正的需要。回到現實生活環境，當落地實踐時，父母與孩子往往持有不同的期望，況且，不欲引起對方

不滿的各種考量，令各方受制，一再重用慣常方法以避開不愉快的情緒，大家陷在這迴路困局中。

就以孩子晚睡為例，父母極有可能擔心孩子會因睡眠不足，在課上過於疲憊而引起老師反感。或者，父母先停止此想法，並嘗試領略孩子晚睡背後原因，從而作出理解。讓孩子不依時睡覺的因由可能是：

1. 在日裏太興奮。

2. 擔心錯過大人們將渡過的節目。

3. 當被送回房間時孤身一人，也因此在家長指出「看來你已疲倦，是時候睡覺了」，這樣被要求回房上床時，孩子會哭鬧或是崩潰，大喊大叫「我不要上床睡覺！」

當父母通曉在特定情態下存在各種相互衝突的念想，他們可以表達理解、共鳴及應允孩子的反對或作出改變的抵抗。

在日常生活中練習並會起作用

指引如：

1. 在睡覺時間前一小時避免如電視、電腦及手機等屏幕活動。

2. 持睡前準備活動的規範如定時洗澡、刷牙、故事時間及睡前擁抱等。

3. 讓腦子平靜下來，可以用上輕柔放鬆的音樂及燈光，及隔絕嘈雜聲音。

第三效 什麼是沒作用又相互衝突的念想？

調查（Stiller et al., 2016）指出，導致父母在支持及培育孩子失效的原因，並不是他們不夠關心及關注，而是父母栽培孩子的動機或會被另一股更強的念想所掩蓋，那就是父母為著避開自己對孩子在困境中掙扎求存奮爭的害怕或愧疚的自我保護機制，這相互衝突的念頭正是阻礙雙方有效協作的主因。

掌握自我念頭中的規律

人不欲讓對方不滿的念頭屬於相互衝突而失效的念頭，往往如典型「膝關節反射」的本能反射般未經思考作出了反應以求快速解決；期間常以責備、控訴、訓示、申言、貼標籤和威脅應對，因此，製造了更多不協調的結果。不用說，在惡性循環下，父母也感到更恐懼、內疚和慚愧。

也有不少家長，擁有潛在卻不易被覺察的非理性的念想規律，如：

「我必須培育出十全十美的孩子。」

「若然孩子不聽話，我就是一個失敗的母親。」

「無論使出何種招數，我就是要讓孩子遵循我的話。」

「我食鹽多過佢食米。」

「我是解難高手，理應是我全對。」

「作為孩子，當然必須聽從父母的話。」

這些非理性預想形成的看法，對家長的行徑有所影響，同時，產生情感認受的偏差。

除外，父母常對孩子存有過高期望，這樣的期望來自孩子長大的家庭文化中，孩子領取了其他人對自己的期待，自己對自己也有祈盼，同時對別人也產生渴望。再說，若是我們知道孩子的老師、鄰居、家中長輩及親朋戚友在如何培育及管教孩子方面有看法，這些意見無形中干擾了我們專注成全孩子需要的能力。這樣下去，我們徘徊在「自我價值觀」及「何為對孩子最得宜」的拉扯困局中，最典型如「我們要做善良的人」與「不允許孩子在被打後動手報復」的矛盾想法。

與其從孩子角度去領悟孩子為何動手動腳打架，或者是照顧孩子的情緒，家長倒是落入「情感圈套」中，最終卻表達了「你這是不對的行為」的成見和斥責，甚至是破口大罵地嘶吼到「你不許這樣做」。話說回來，若以孩子的角度去看，父母的「不理解」及「不支持」似乎站在與自己完全相反的位置了。當然，孩子若是常常滋事打人，父母應調整管教策略並教育孩子。

毛太有話說

做功課如睇股市

「嘩！你見過啲後生仔點做功課未？我上星期見到個仔電腦屏幕上同時開住兩個網站頁面、兩個文檔，電話開住，功課課本都攤開，屏幕彈出個口訊，又去覆一覆⋯⋯」一輪嘴講的是毛太。

這樣做功課，真與家長心中盼望及能夠想像「專心一致」的畫面，有天淵之別。

不過，誰不是這樣，辦公室裏除要聽電話和開會外，坐上自己張枱，一開電腦都係九萬件事開頭一樣。現代人都必須具備 multi-tasking 多工作業，同時進行多樣工作的本領。

有專家做研究發現，這是與各人不同的習慣有關。有人要一樣還一樣；有人可以同時處理幾件事，又完成得都漂亮。對於熟習在同時進行多項任務的人來講，意識在各種任務間跳躍，就如入一間房打開一道門又要打開另一道，其實會令到意識認知有所負擔。但當時間緊迫的時候，認知機制又會忘記上一項任務，集中停留在眼前緊急些的那一件。

毛太也有同一時間進行多樣任務的情況，雖然如此，作為家長，質疑「一心多用」的狀態會令到學習效果下降，並且一意堅持自己的想法。

比起一開始就勃然大怒地反對及指責孩子，會不會先觀察孩子在這行為下展現的情況就真是阻礙了學習與否？家長面對自己的擔心，先可以覺察一下是否陷入非理性的念想規律，並且與孩

子交換意見，聽聽孩子的想法，也把自己的疑慮告訴孩子，一起以此課題持續對話。

圖片來源：CANVAS

情感圈套的聲音

「我對他一開始就感到煩厭。」

「她真是太難搞了。」

「這些，我根本處理不來。」

感受如上，都有可能是情感圈套在作怪。

情感圈套可來自家長本身過去的情感損傷及經歷，而於現在隨其再次重複展現同樣的規律，並於自己的孩子身上發生。父母無計可施或不由自主，同時也不願允許孩子某些自己在以往曾遭受到的情感傷痛，這是因為父母認為，若果他們應允孩子某些負面情感，孩子會因此感到苦困並難以向前邁進，甚或

逃避面對生活上應有的挑戰。在這局限中，父母更確認並偏執於現實性而堅持「孩子在這年紀，必須採取正面態度」。

有些掌握了自我相互衝突念想的家長，應允自己的恐懼，看清自己陜隘及非理性的念頭，從而擴增個人改變的能量。這種家長，對孩子釋出理解及同理心，並容納孩子的抗爭與作出改變的抵制。正因為家長本身有所改變，長遠來說，他們變得有力量協助孩子改變且並肩而行。

父母可採取真誠可靠的方式，如「我明白孩子你不想錯過爸媽接下來要做的事，看來，作為家中第一個必須早睡的人的確不是易事」，或「我知道你現在仍處在興奮中，仍然精神旺盛，似乎很難鬆下來」，就是在應允了孩子的情況（或是他們感受的惶恐）下，一切會變得更柔軟。

正是這樣採用了與習慣異迥的策略，騰空了一個機緣及時間，讓父母和孩子連結、交談及獲取合作，其結果會促進雙方都在共同目標中受惠。

難免有父母會說他們實在真的很忙，沒辦法騰空時間與孩子相處，正因大人一般都是正確的，孩子就「應該」合作。其實，他們輕視了雙方的交流及理解是與孩子產生較理想的協作中不可或缺的條件。無論如何，家長要知道，放眼未來專注現在，花點時間與孩子作出有交流的相處都是值得的。

為人父母不易，要全然地滿足孩子的需要更難，誠然大人們也會對某些情緒感到害怕，並與孩子走進不斷重複的負面互動迴路中，正如孩子會不停找岔抱怨、不願接受父母的提點，

父母也會失去耐性；大人並非完美，也會犯錯。細想一下，孩子當可以藉由自己的需要不盡完全由父母滿足，正是讓自己情緒智商有所發展的重要條件為據（Beebe & Lachman, 2013），承接這樣的事實。雖說家長常墮入情感圈套，但做人並不必要白璧無瑕或是出類拔萃，只要父母常能察覺並處理自己的脆弱點，修正一半的錯誤，向孩子釋出歉意，修復聯繫及關係，這就很不錯了。

 毛太有話說

踏入考試月，我仲緊張過佢！

毛太的情緒隨著女兒踏入考試月，憂心程度有增無減。有些擺在眼前的事實，偏偏就是因為有個親密關係，當事人就是看不見。

譬如我這樣問：「毛太，要考試的是你的女兒，你比她更為擔憂……」話都未講完，毛太已經截斷了搶著說：「你都咪話，我情願入試場嗰個係自己，淨係諗住任佢喺試場搏曬命嘅答題，嗰種氣氛，我就驚埋一份。」

細聽「驚埋一份」的遣詞用字，就可以感到毛太的心情。以情感圈套來理解，毛太的「驚」，可能來自本身過去對考試的畏懼；也有可能源自「對女兒要去重臨自己害怕的場面但又希望她能考得好」的複雜念頭。

考試當然有壓力，壓力不一定是壞事。就以生理及心理方面

而言，壓力有助激發潛能與鬥志，讓我們能展現更好表現。孩子越是長大，社會角色越是吃重，在學校裏先學懂正面應對壓力，才有助其獨立。

要孩子心無旁鶩地應對作為學生當下的責任，在這前提下，讓孩子感受到「父母認為那個是孩子自己的責任，一直在旁為我打氣」好呀？抑或是「我都感受到媽媽的不安了，她老是覺得我應付不來」，哪個會讓孩子更有心力作出應對呢？

難得毛太領悟得快，爽朗地說：「係囉係囉，似乎擔心唔嚟嘢。我梗係要做喺佢身邊打氣嗰個。」

青少年的心聲

「我媽對我總是期望，她老說我應該爭取全班前十名次。老實說，我自己倒不是很在意。她只談我要如何讀好書，整天的嘮嘮叨叨念我，這快把我逼瘋了。我根本不想與她談話，由得她自言自語。」

「我不覺得有人特別在乎我。我媽在意的只是我的學習，我考試考得好她就在朋友圈炫耀一番，又說這是她辛勞督促的成果。」

第三效　父母在孩子遇困難時的協助方法

　　當孩子們遇上難題的時候，也是父母親協商幫助的時候。【孩子遇難父母協助】的技巧如下：

　　1. 細心聆聽孩子感受、需要，或正在面對的困難點。

　　2. 將他們表述的點項總結起來，並以一句句子重述，如「當你不與他玩你的玩具時，你朋友感到生氣並對著你吼叫」。

　　3. 集思廣益，一起商量找出解決方案。

　　4. 孩子認為對於哪個方案可行，哪個是他們有所猶疑的，一一協商，並共同決定，然後計劃並落實行動。

　　5. 作出來並接受其結果。

　　6. 一起評估過程與成果。

個案分享

一句句子重述困擾

　　亞力是一 16 歲少年，因擔憂父親病重而沉默寡言，媽媽有所感並請兒子把問題告訴她。

　　亞力：「我不知道，沒什麼事。」

　　媽媽請亞力再想想並以一句句子描述。

亞力說：「我的憂慮並不能以一句話概括，我試試。」

亞力續說：「爸爸病了，我感到擔心。」

媽媽蹲下來與兒子同高，並擁抱他說：「我感受到你的憂心忡忡與心痛，不如一起想想我倆能做什麼。」

以亞力個案，採用【孩子遇難父母協助】六技，如以下示範：

1. 提出問題	2. 集思廣益	3. 決定～好處	～不好處	4. 選擇 5. 行動	6. 評估
他是否病了？	a. 去問問他	有更清楚的理解	有可能不回答或問了對方也不知道	✓	有診斷並有病患治療方案
	b. 帶他看醫生	得到診斷及身體檢查	更多的不安	✓	見了醫生並有身體檢查
	c. 請教醫生現下的情況	可以鬆一口氣	不利好的診斷結果會帶來更多的擔憂	✓	有診斷並有病患治療方案

六個【孩子遇難父母協助】技巧讓大家對憂心的問題有更清楚的理解，通過說出問題，兒子悶在心中的情緒得以被分擔，母親與兒子更可攜手共同處理。比起母親對兒子情緒毫無頭緒，而讓兒子處在不知所措中悶悶不樂而發自己脾氣的狀態，母親的協助行為，不但能讓兒子平靜下來，一句：「應該沒大事的，不必太擔心」更可起了撫慰作用。

第三效 讓孩子合作及完成任務的
七大要點

同樣的道理，想讓青少年把你的想法聽進去並且合作，以下點子或能對你有啟發。

1. 把問題表述出來：

    孩子在花園踏了滿腳泥，入屋不脫鞋子把大廳都搞得髒兮兮的，你可以說：「我看見地板上都是泥沙。」

2. 與其責備，還不如提供資料和方案：

   「泥沙在未乾掉前會更容易抹淨。」

3. 提供一個選擇，說的時候要留意語氣（搞不好變成像是在下命令）：

   「你可以用濕地布或沾了水的海綿清潔噢。」

4. 強調問題重點：

   「是泥沙呀！」

5. 向孩子表達你的感受：

「我不喜歡看見地板都是泥沙，這讓我感到不高興。」

6. 保持幽默：

「拜託一下，請幫手弄乾淨」或「請把地板恢復原
來模樣」。

7. 當孩子把事情處理妥當後，表示讚賞。

如例子中把地板打掃乾淨後，母親稱讚道：「謝謝
你，你真是絕世好幫手」，並且宴請孩子吃他／她
最愛吃的布丁。

第三效 原動力的運用：
發揮自主性觸發心流

　　70 年代開始，心理學家（Deci & Ryan, 1985）察覺物質性的獎勵並不一定提升人們表現。於拼圖遊戲中，在特定時間解決拼圖難題後會得到金錢獎勵的那組中學生，在自由時間裏，會傾向選擇「少玩」同一遊戲；另一組不知找拼圖會有獎賞的同學，則依然對相同遊戲保持興趣，維持活躍的參與度。這說明了物質性的獎勵，在停止給予時，會失去其獎賞力，參加者不再產生動力去投入相等參與的行為。

　　由此可知，獎勵分為外在動力（如金錢、成績等）與內在動力（如感到有趣味、滿足等）的分別。既然明白到外在動力的獎賞缺失持久性，如何引發孩子內在動力，似乎是爭取孩子協作的家長更值得下功夫的範圍。

　　心理學家以自我決定理論指出每個人都擁有自主的知覺，以此作為動機，作出選擇並行動，以體現自我內在的能量。也即是說，與生俱來的天賦資質及心理要求，建構成為內在動機，激發內在潛能並引發自我決定的行為。

　　自我決定中的「自我」，顧名思義，即是各人內在思維活動與外在環境接觸的內心對話。其中，外在因素如社會氣氛支持自主性發展；另外，工作體系中的高度構建系統提供清晰的

指引，並對「值得讚稱」的行為結果例示得一清二楚；最後，人際關係中如父母及身邊重要的人展現的參與及正面回饋，都構成自我決定之中不同的激發力。換句話說，較高的自主性、溫和的系統結構及親人的參與形成最佳的自我決定行為與社會組織上的相融。

於內在原動力的層面上，即使在缺乏外在獎勵的情況下，個人也會對事情感到興趣及提高滿足感，為了實現自己內心的想法，勇於面對及挑戰新的狀況與困難的事情。

原來感到興味盎然及滿意感與幸福感中的才幹、自主及常被關注這三個因素有直接關聯。美國心理學家 Mihaly Csikszentmihalyi（1997）提出生命不是墨守成規地單憑外力所控，而是靠自己發現生活之道。生活之道的體驗主決於個人的意圖、目標及動機，這三種內在的特質，同屬主觀正面情緒常態的快樂、力量或機敏。在這種情緒下，人會進入一心一意的精神境界，依循目標，思想及行動合而為一，在心意澄明的意識與意圖中，引發自發性；另外，因為目標及意識并然有條，行動的理由更為確切，精神能量充沛，推動知行合一的實踐。這是一種能量的匯聚，他稱這種特別時刻

圖二　原動力與幸福感

滿意感

感興趣

幸福感（才幹、自主及常被關注）

為心流的體驗（Flow Experience）。

心流活動當然是內在原動力的展現，然而，在日常生活中，我們常因為某些事情而意識散渙。就以孩子學習為例，於內在動機薄弱之際，雖然心裏明白「讀好書」是當下父母的期望，也是自己的責任，可是意識會因各種情緒影響了自己的想法，在意志上不一定認為「讀書好」，心思沒法完全投入。好比如做功課或溫習當刻，一方面知道自己有必要集中完成眼前的事，可另一方面又會記掛約了朋友打機而分心，或會對父母在前一天的爭吵感到擔心不已而無法集中。這例子中各種相悖的情緒與思維，扯散了注意力，同時阻礙了心流活動的產生。

正如做輔導的時候，我們常聽到學生表示他們會在感到興趣的科目中著力，也會因為受到某位老師的鼓勵而心中形成「期待自己有比平常更好的結果以報答自己喜歡的老師的意向」，在學習中展現出 Csikszentmihalyi 所說的那種「水到渠成、不費吹灰之力」的心流活動。那種時刻會擁有「自然就知道做什麼、該如何做」的清晰度，由此而願意接受挑戰完成目標。

發揮自主性觸發心流

如何才能激發孩子原動力來發揮自主性？家長可以：

1. 成為孩子的好榜樣

遇見難題之時，父母當然可以讓孩子解決難題後有所獎賞，例如可以休息打機或吃豐富的一餐，孩子單靠這種外力而願意

解難是一回事，正如心理學家強調，外在獎勵的推動力一旦失去，孩子欠奉自發性就是一回事，不好的行為或許也會故態復萌。因此內化好品格或個人素質，才是長遠之道。

父母希望孩子是解難高手，在日常生活中遇到困難，父母也會展示處理問題的手法及過程中獲得樂趣的陽光面。譬如以到底有幾多條路線可以到達新升讀的學校為例，父母聯同孩子一起查找，在閒日裏共同體驗乘搭不同路線，也一起討論選擇最佳路線，展示快樂地處理新狀況的笑容與行為，孩子也會感受到解難的樂趣，並更願意與父母商量新環境的各種挑戰，遇上問題會更主動請教父母意見，亦作出合適的對應。

2. 授人與魚，不如授人以漁

父母直接指出解難的法子，的確是省準快的做法。不過，花點時間在每個決定中都知會背後的考量，將箇中的來龍去脈向孩子說明，孩子明白父母處事待人的特點後，自然會掌握到背後的依據。再遇到相同人事時，可由以往的經驗，依據實際情況作出靈活變動，使工作更暢順。

奇妙的是，由此得到了父母的心法與手法，孩子越是處事得宜越是得到父母信任，也在不知不覺間擁有了相對多的自主空間，自主性就在這和諧暢順間不斷繁衍增長。

3. 注重促進而不在改變

對於擁有兩個或以上孩子的父母，會更認同「孩子都是我們生下的卻各自擁有不同個性及愛好」的這個觀察。所謂每個人都是一個小宇宙，孩子個性有別，比如行動力強、有主見的

孩子，心中自然有一套做事的藍圖，也必然有屬於個人的行事風格及學習模式，父母和這類孩子相處，與其控制其方法，不如著重審視孩子的計劃，期間作出適當的提示、鋪墊及指導，促使在交流中以事情得到互惠共贏的發展為主。相反而言，對於躊躇不前、拖三拉四型的孩子，著手點則是找出孩子優點及其感到有興趣的事物，在過程中一起經歷，並時時關心，讓孩子有「身邊重要的親人都關注我、與我共行」的被支持感；如此一來，也能促進其發展出具備個人特色的人生道路。

要孩子與自己一樣，根本不符現實。觀察孩子的強弱優劣，根據孩子的特性促使優點得以發揮而不是要他變成另一個自己。孩子感到父母「促進」的心意，也更願意合作並更自覺地經營及表現個人小宇宙。

4. 匹配的目標，觸發心流

既然明白目標明確是心流產生的其一條件，若是希望孩子可以在自主自發的心流動力下完成目標，家長要特別留意的是，若然目標與孩子能力不相配，比如目標過高，孩子容易淪入擔心及焦慮的負面情緒而心思泛散，無法進入心流情態。只有在父母認清孩子的能力，鼓勵並支持其爭取符合「可達」的目標，孩子才會心有餘而力又足，於意圖與情緒和諧協調下形成動機，踏進心流活動，驅動內在原動力。

奇特的是，只要孩子曾體驗過心流活動的快樂，心流感受反倒像磁石般的推動內在潛能的全面發揮。可想而知，提升孩子協作力，驅動其內在原動力才是長遠之計，立足的根本，當

中也必須考慮到孩子的能力和情緒的正面性，只有這樣，才能

成為雙互有助益的隊友，共同拓展個人成長。

第三效 父母與老師關係

家長與老師都需要資訊、理解和被讚賞，大家的努力都想得到對方的認同，也同時需要對方的支持、尊重及共下功夫。

對家長而言，什麼是最理想的家教關係？家長會想聽到：

1. 以孩子在學期中做得妥當的事例打開話匣子，讓對話進行得更容易。

例　「他助人為樂，善良又充滿魅力，得到班中同學喜愛。」

2. 才再指出下一學年可改善的地方

例　「上英文課時，他比較難專注，我們需要替他安排一些訓練。」

3. 告知學校方面已下了怎樣的功夫

例　「考慮到他並不特別喜歡上體育課，我們讓他先上 15 分鐘並把剩下 20 分鐘挪用作英文補習課。這已實行數星期了，我觀察到他感到可行，學校方面也全力支持。」

4. 攜手共計劃

例　「我們可以商量一下，為孩子度身訂造，在你們的協助下，讓他在家也能有套專注力訓練計劃。」

5. 在家長會面後老師全力跟蹤進度

老師與家長協商，在會面後一個月內，雙方再聯繫並查察新安排在幫助孩子問題的效應。

6. 時刻留意，除非家長自動訴說個人生活事宜，否則不必

介入。

家長尋求老師的指導，老師也盼望家長提供孩子在家表現的資訊，並輔助老師，雙方持著友好態度交流。過程中，相互尊重、分享及避免標籤或互相矛盾。

從老師角度上，其欲求掌握的是：

1. 表達正沿正途發生的事

例　「孩子告訴我們，他喜歡你當他的老師。你常交他一些小任務，他特別喜愛做你助手。」

2. 表達孩子的需要

例　「孩子說他覺得英文很難，搞不懂英文文法，因為跟不上而變得難以集中。」

3. 分享直接相關的資訊

例　「我們有留意到因為掌握不了英文，他不愛做英文功課，有時感到無助而哭泣。在這方面，我們需要你的幫忙。」

4. 分享孩子在家表現

例　「在做美術功課時，他特別起勁並表現愉快。」

5. 協助推展計劃

例　「對於學校已有套計劃協助孩子改善專注力，我們感到很好，請不妨告訴一下，我們在家可以做些什麼以能更好地推進計劃。」

6. 會後跟進

例　「我十分樂意一個月後與你再度見面，評估一下計劃成效。」

孩子學習及老師特性

學校教育誠然是孩子學習及成長重要的一環。孩子在學校裏學習知識、社交技巧及建立自我認同。我們在對名校趨之若鶩時，或者可以沉著一點，理解「好的教師才會有好的學校」，而好的教師造就學生對學習追求的積極性這一點，普遍得到確認（Fei Xei et al., 2021）。針對好老師這一項，以老師在師生關係中正面的溝通行為為題，仔細地了解後，不但是為人師表，連家長也可擁有如何身教的藍圖，落實協助孩子正面學習的溝通技巧及條件，增強協作效應，發揮在家－在校－在孩子三方面的最大功能。

1. 關心

直指老師在學生心理及情緒需要上，展示尊重、正面、支持及互惠互補的行為，以此成為維護良好師生關係的基石。有此特質的老師，促使學生更願意參與學習，擁有正面的自我觀感，感到被尊重並會爭取表現。

2. 清晰度

老師若能以學生的理解能力，用上不同的方式，包括非語言的示範或舉例、圖示、改用淺顯易懂的詞語等，讓學生掌握知識，在資訊處理過程中，使信息有效地在辨識、轉換及記憶中整合，作為有用的學問。在這方面表現出色的老師，推動學生學習動力，提升理解力及增強學習能量。

3. 認同感

課室溝通難免有認同與不認同的兩種，對於學生提出的問題，老師若針對能學生提出問題的積極性、指出問題的合理性方面給予學生認同，造就課室愉快學習氣氛。在這個學習環境下的學生，也會更願意交流，自動做好準備功夫及更具參與感。

4. 可靠性

課室中，或者說長幼的相處中，存在教授的互動。要受者願意接收訊息，授者的誠信及可靠性十分重要。認為老師或長者可靠的學生和孩子，會起勁地上課，更受聽也有更強動力學習與內化所接收的知識。

5. 即時性

學生心目中老師在有需要時提供即時的協助十分關鍵，無論是在實際距離或心理距離上，老師的身體語言如注目禮、微笑、向前稍微傾斜的姿勢表達隨時準備協助等的姿態，都有助學生感到老師就是會在自己有困難時立即伸出援手的人。

6. 親善友和

在學的孩子透過學習得到知識，也由師生友群人際交往中，得到他人的認同。老師適時給予學生親切的認同，表現關注並作出讚賞，比如點頭稱是、出言稱讚等，都是促進學生內在潛力、更有動力的因素。

7. 師生和睦

人際關係的和諧，正如師生友善的關係，由老師鼓勵課室交流、尊重學生不同意見、提供適時回饋、幽默風趣、對學生

學習表現上表示關注等，除增強學生友群間的連結，更督使自主自覺的幸福特質，並推動成就感。

雖然說是師生關係，但在扶持幼輩上，更明確的是，在校教師教，在家家長授。以上七大特性，說切實一點，都是期盼孩子茁壯成長及願意在這路途中一同攜手成為隊友的長輩，值得學習及擁有的。

❓ 家長提問

母親甲：

我不容許女兒遊手好閒無所事事的，若是她將來書讀得不好怎辦？我真不想如我一樣，因為讀書讀不好不能找一份好工作。

麥姨姨：

請留意上文討論過的「情感圈套」，媽媽不欲女兒經歷自己曾遇上的艱辛與困苦。但是，媽媽有否真正把握到女兒學習的情況，她是屬於中間位置還是中下成績？她有何種問題。女兒是跟不上學習進度，抑或躲懶逃避學習？若果媽媽可以一句句子總括問題，就可採用解難技巧排除困難。然後，與女兒交流並充分理解她的困況，在允許女兒感到困頓的情緒下，雙方更能在這不容易的目標上協作，一起克服難題。

請謹記，任何強烈批評或無理叫喊都會引發對方的抵制，無法與你共事。再莫說大多數人都喜歡獲得讚賞及正面的激勵。請

務必提醒不讓自己陷入「情緒圈套」，內心若有聲音如「女兒真是麻煩至極」，請立刻停止這個念想，並以不同方式讓她確信你會支持她並一起征服困局。

母親乙：

　　我兒子在學校被其他同學欺凌，這幾個月來，他放學回家就躲進自己房間，拒絕與我們談話，把這事憋在心中。我忍受不了他的情緒化，但他就是閉口不願透露在校發生的事。

麥姨姨：

　　不少被欺凌的青少年把怒氣藏在心中且不願多提，更遑論與朋友、老師或父母傾訴。無助及缺乏感常讓他們感到灰心喪氣，父母最合適的做法是讓孩子知道父母看見孩子悶悶不樂時的感受，應允孩子不快樂的事實，並找合適時機，與孩子閒聊，表達共鳴及理解，在這種情態下，孩子會漸漸打開心扉，感到自己並不是處在被質問的苦況，而緩緩地把事情原委和盤托出。

　　讓一個人和盤托出的最佳方式就是「走後門」，這是指分擔其感受、表達共感，這樣做，孩子往往御下抵禦，願意傾訴。在有交流的互動中，【孩子遇難父母協助】六技就派得上用場。

家長丙：

　　有兩個孩子的父親表示自己感到無助，大女兒漠視父親「請停止玩電話並立即去做功課」的請求，你有何建議？

麥姨姨：

為了讓一命令看似請求，父母多數用上「請」這字，可語氣卻偏重強烈了。女兒根本把「請」字滅了聲並視其為一道命令以至反抗。她心知肚明此舉將激發起你更強烈的反應。這時，請特別小心，「情感圈套」中「她必須遵從我」，或「我就是要贏」、「我不是一個好爸爸」的聲音，你只需要放下這些念想並坦誠真摯地邀請女兒坐下來，好好與她商量，一起策劃兩人都可同意並受益的時間表，她會更心悅誠服地對這樣的相處方式感興趣而投入。

家長丁：

有老師描述班中一情境說，班裏有兩個女學生不斷地談話，縱然我以禮相對，請她們停止交談，仍制止不了。看來，她倆就是輕視我，我該怎麼辦？

麥姨姨：

你大可請她們在第二天交出兩個解決方案，如「當我在班上看到你倆忽視我的請求，並且不停地談話，我感到難過又遺憾，我需要你的合作。要嘛在課堂上停止交談，要嘛我會調位分開你倆」。

結語

先審視自己的感受，避免陷入「情感圈套」，別理會其他人會如何或怎樣判斷你，你要做的是：吸一口氣並告訴自己「看看何為最佳方法，讓自己與孩子都能得到幫助，互相協作」。

激發孩子原動力發揮自主性，家長可以成為孩子的好榜樣，授之以「漁」比直接下達解難法子更長遠，最好以注重促進而不以改變孩子為出發點，並替孩子匹配目標，觸發心流。老師的特性與孩子學習有關聯，家長也可作為參照，發揮在家在校在孩的協作效能。

幸福有效溝通錦囊【幸福父母成助益隊友】

掌握自我念頭	脫離情感圈套
	【孩子遇難父母協助】六技
	讓孩子合作的七大要點

父母常能察覺自己的情感損傷及經歷予以修復，專注目前。

運用原動力	成為孩子的好榜樣
	授人與魚，不如授人以漁
	注重促進而不在改變
	匹配的目標，觸發心流

引發孩子內在動力，增強協作。

父母與老師關係	理想的家教關係
	理解老師角度
	助孩子學習的七大特性

發揮在家－在校－在孩子的協作效應。

4

第 四 效

重塑自我
舉足輕重的認同感

父母或會向別人這樣介紹自己的孩子：「她是個哭寶寶」，「哭寶寶」、「小肥肥」或甚至是「爛茶渣」，這些都是某些熟知的標籤。

　　正如孩子因被大人說成「不能寫也不能畫」，就限制了孩子寫作與繪畫躍躍欲試的意願。這樣，孩子極有可能因被標籤而局限潛能發展。

　　理論上這樣認為：你如何識別身份，正是由自我認同的標籤所影響。正負面的標籤對我們的自我觀感產生莫大的作用，也主宰我們思維及行為的方向。

簡介：社會心理學中的標籤理論

標籤是你在認知中如何召喚自己，標記自己或別人以此「加標說號」稱呼你。比如「虎媽」、「女漢子」、「失敗者」、「性感尤物」、「小肥」或「爛茶渣」，這些都是某些熟知的標籤。理論上這樣認為：你如何識別身份正由自我認同的標籤所影響，正負面的標籤對我們的自我觀感產生莫大的作用，也主宰我們思維及行為的方向。

1. 正面標籤的效果（讚揚及鼓勵）

若你認為勤奮、鼓舞人心是你個人特質，正因為這等正面的字詞，會讓你產生良好的自我感覺，你會備受鼓舞而爭取這方面的表現。另外，當你相信冒險將帶來機會，同時促進發展自我潛能及成長，這番自我鼓勵的想法，將會讓你勇於面對挑戰，應付人心險惡及世途坎坷。

2. 負面標籤的效果（自我批評、降解）

把自己局限在負面標籤如懶惰等，會阻礙個人潛能的發揮，往往應驗自我實現預言。正如你相信自己無用，你表現出來的想法及行動也傾向這種類屬的人，這使你感到灰心喪志、快快不樂。一般來說，人們不善察覺意識層中的思想形態正是情緒變動的主要根源。負面意念引起生理症狀、偏頭痛、恐慌發作，這些也是憂鬱症的成因。

第四效 標籤給孩子遺下損傷性自我知覺

日常生活中，我們根據人的特點作為標籤，譬如肥／瘦、年老／年輕、種族、性別、宗教、工作職位及外形特徵等。正式的標籤指社會規範（如負責任、誠實的），而非正式的標籤在人們交流中產生（如友善、不利的）。

家長會在不覺意間給孩子套上標籤，形容他們的行為、外貌或個性，舉例「他是怕羞鬼」、「她是大老闆」、「她是個哭寶寶」，這些描述將會影響孩子如何看待自己的未來。

呈現一時的某種行為，並不等於永遠定格，更莫說孩子的潛能在成長中有待發掘。這樣說來，以有傷害性的描述在孩子身上套上固化標籤的行徑確實會窒礙潛能發展。固化標籤不但影響孩子正面感受他人的期望，也不利於建立正確的自我概念；同時，左右老師、鄰里及父母在與孩子相處中的對應。比如：當聽到老師說「小尊是個麻煩友」，你就自然會對小尊不敢放鬆而更加嚴厲。由此可見，無論是正負面的評價都會導致老師和他人不同的應對行為，孩子極有可能因被標籤而局限潛能發展。正如孩子因被說成「不能寫也不能畫」就限制了孩子對寫作與繪畫的躍躍欲試；有一女孩就曾告知我們說，正是因為母親認定她躲懶，自己也就放棄並且不作出嘗試。

> 協助孩子建立正面自我概念，不被標籤打敗⋯⋯
>
> 人生來就不是為了被打敗的。
>
> ——海明威

第四效 在校或在家孩子角色扮演與角色困阻

出自某些因由，孩子會以某些角色如搞笑、扮蠢、玩對抗或扮口吃爭取大人的注目，久而久之，越是得到大人們的關注，孩子越是困阻於角色中不能自拔，從此被定型於其標籤中，這將對孩子的未來造成具摧毀性的影響。試想像被標籤為「佢就係無厘頭，點會正正經經，信唔過」的孩子會有怎樣的前途？

叛逆孩子

亨利說自己鮮有得到母親的關愛，於是在九歲的時候，凡父母一說他就會鬧彆扭、不合作，並故意留難，從此被標籤為「問題兒童」，他只有變本加厲地重複這種行為，以致最後母親決定把他送到外國讀寄宿學校，亨利認為母親放棄了自己而黯然神傷，更感到受傷。

選擇性緘默

選擇性緘默是孩子扮演的一個角色。兩位九至十歲的孩子就曾表示，在課堂上當老師要求他們答問時，會因緊張得無法

言語而感到尷尬，說不出話發不了聲又被提問讓他們感到壓逼之際，決定索性在學校就不說話，從此被人標籤為「啞巴」。這樣情況下，在家得到家長安慰的孩子，會稍微放鬆而對母親的提問作出對答，卻從此在課堂上選擇沉默。這種在課堂被提問感到驚恐，被當時逃避感及家中父母的同情強化，在心理上稱作「一次就學懂」的作用下，孩子以保持緘默而感到安全。當然，也可用行為方法協助孩子重獲安全感而逐漸恢復至可於公眾場合開腔。

第四效　家長及老師幫助孩子建立正面自我概念

選擇合適的字眼

不少大人，尤是在感到受傷、不快或嬲怒時，會不經思考地口吐負面字眼，有些形容詞顯得直接又傷人：「蠢蛋」、「無用鬼」、「懶蟲」、「嘥米飯」或「白痴」。聽著被人這樣說的受方感到自己被標籤了，不但如此，若然聽得夠多也會變得認為自己正如被形容的一樣。因此，既然已是察覺到負面標籤將損害孩子的自我概念，家長更應選用合適字詞；可偏偏在盛怒及被嚇壞的時候，這尤顯困難。

讓我們換另一角度，以如何協助孩子改正錯誤作為出發點。與其衝動說出「蠢材」、「正白痴」的話，試考慮針對孩子的行為或剛犯下的錯誤，以「若然你剛才把瓶子握得緊些，就不會倒瀉牛奶，搞到一地都是，下次小心一點吧。現在，我們來把地板擦乾淨」應對；或者「我認為你打機打了很久，是時候去做功課了」，或「可以幫幫媽媽把洗好的衣服帶過來嗎」，這都比以「無出息」或「嘥米飯」來得更強。

「無帶腦」

　　有位家長提及自己的兒子「頭大無腦，腦大生草」，上學時總是丟三落四，不是忘了帶課本，就是忘了做功課，身為母親，她以極大耐性，也罵也教，並訓誨孩子做個負責任的人，可就是改變不了現狀。丈夫提醒她的做法正造成孩子產生負面自我意像；於是父親採取異迴手法，請孩子買來習作簿，寫上「寶貝聰明豆～不要忘記我」，讓孩子在簿子上記下待做事宜，以作提醒之用。

　　我們就常聽到青少年提及，孩提或年少時被母親以「簡直生錯你，生舊叉燒好過」這樣說過，即使長大，也會重複母親的氣話，並在心底祈望母親並非真的如此認為。越記得童年這些負面字詞，孩子由此感到自己不被愛錫、不值得而有被遺棄的感覺，越讓自己感到一生受到摧毀。

 例子

- 與其說「好孩子」，倒不如說「你做得很好」。
- 與其說「不要害羞」，可以說「認識新朋友就是要點時間」。
- 與其說「你真是挑食」，說「這次真不想吃也是可以的」。

　　真正要提醒的是，家長可盡量避免在無意間標籤了孩子而阻礙其潛能展現。

以正面方法重構負面反饋

　　人們往往容易忽略考慮對方感受而在不知不覺中發放負面回饋，如「你真蠢」。即使我們並不想別人這樣說自己，也常會在被激怒下才這樣說別人。以正面方法重構負面反饋並不容易，這正需要技巧來練就。正如採用「我正在想你可否用不同方式處理此事」，或「有些事就是難在一時有對策」，受方往往在這樣的正面對應下更能學習，並更樂於聽取你的建議。另外，盡可能避免批評、指責或找岔子（參考第一效【建設性批評】），更多以正面方法培育，展現愛意及關懷。若然家長在某些境遇中感到束手無策，只需心中明瞭個人需要和限制，就請原諒自己吧，這是沒問題的。所謂「養兒一百歲，長憂九十九」，為人父母不是易事，只要適應了父母的角色，自然會做得好。

謹記：

1. 以合適方式回應孩子——大人們總能未雨綢繆，根據孩子不同年齡，以孩子當時的需要（生理、社交、情緒及興趣發展）找出合適的解決方案。

2. 在孩子各年齡層中，保護孩子並及早提防危險，正如孩子年幼，小心預防他們摔跌受傷，遇火險、進食或觸碰有毒物品；孩子逐漸長大，也要警戒他們遠離毒品、安全駕駛等，正如家長們都知悉，父母就是終身事業，鮮有做完的一天。

3. 孩子身處的環境及接觸的各人，家長可適時監測。尤其是網上的陷阱及危險，家長更具責任保護孩子免於受騙及被辱罵。

4. 常給予輔導以支持孩子，教導及讓孩子練習合適的行為。家長可培育孩子在孩提時已能遵循及展現符合其身處環境的理想行徑。

5. 家長展現一致性的身教是栽培孩子很重要的一環。其實，把自己的訓誡施展出來，並不是易事，但若家長常採用負面態度、行為及字眼，孩子會跟隨著這種思維及行徑，說出類同的負面字詞，表現出負面的人生觀。還有一點，孩子不斷成長，家長也要隨著孩子的改變而更新親子技巧及方法。青春期

的孩子傾向接近友群（這也是父母常監測的用意），家長可持續給予指導、鼓勵、合適的紀律規範及支援，支持青少年孩子獨立並學習如何成為有責任感的成年人。父母及孩子是一生的紐帶，父母應把握各種時機，鞏固雙方的連結。

如何協助孩子擺脫負面標籤及做好自己的角色?

在適當時機下,家長及老師可指示孩子其新的可能及景象。比如:

1. 常扮演「小丑」的孩子,具備幽默感,也可以是聰明的人,老師可以指出孩子的功課常有中上水平並因此可幫助同班同學。即使被「反叛」標籤了,也有正面特質如守時或善於獨自下決定、有主見等,老師及家長大可指點說出這些美妙特徵並鼓勵其多發揮。

2. 給孩子提供機會,讓他 / 她看到自己不同的一面

家長可尋找適當時機或場景,讓孩子建立有別於平時、不同的自我觀感。正如把「反叛孩子」安排在話劇組,讓他在特定角色發揮其獨有天分;孩子因此重建自我意像並逐漸變得樂於助人。對於被標籤為「大懶豬」的孩子,老師指派其收集班上習作,讓其成為班中好幫手。

3. 讓孩子在無意間聽到你對他 / 她的正面評論

家長或老師在議論他人時,故意讓孩子聽到你們對他 / 她正面的評價及回饋。當家長或老師對他們看高一線,並帶正面的評價,可以協助孩子重建更好的信心。

4. 提醒孩子他們過去的成就

家長及老師常常對孩子未來持有高企的期望，傾向於忽略他們過去的成功。即使這些事蹟微不足道，兒童及青少年更喜歡他們過去的建樹及成就常被大人們掛在嘴裏。因此，提醒孩子們他們過去的成就，是非常重要的。這樣，孩子以不同的眼光看待自己：「我以前都能成功做到，真也不至於太差……家長或老師也會讚賞我，常常把我記掛在心。」

5. 表達情感、感懷之心及期待

很多人對自己持有過高或過低的期望，如出一轍，對孩子亦然。我們作為家長與老師，會忘記孩子們在成長路上面對的困難，因此，由現在開始，要再次地表達正面的情感與欣賞。對於孩子跑 100 公尺或健康成長，我們常以為是自然而然的等閒事。其實我們要停一停回想一下，那些與孩子曾經共同渡過的歡樂時光，他們的歡喜與笑聲，分享過的失落與哀傷。我們必須對孩子持有感懷之心，離家常記掛。再莫說，孩子是我們的寶貝，珍惜並感激此世共在。話說回來，因為疾病或意外，有不少兒童不幸地早早離世，有些天生殘疾，也有一些長期濫藥、酗酒或沉迷賭博，有些誤入歧途受懲於牢獄。無論發生什麼事，他們仍然是我們的孩子。這些事情或是命運弄人與選擇錯誤，並非完全歸咎於我們。為人父母就如坐過山車，既刺激、興奮但也嚇破膽；正如天氣時晴時雨，總要將之視為愉快假期。

別讓自己牢套在負面標籤

請謹記：

1. 就如物品的價錢貼一樣，請將標籤撕掉。只是用於人身上的標籤，因為意識牢固，我們要多費勁用大一點的力量。

2. 單一字眼的標籤，並不能給擁有不同面向的你下定義。停止將自己放入這個限制內。

3. 你擁有改變自己的能力，不喜歡的就改變之。

4. 不必追求完美，只需比昨日做得更好，成為更好的你。

5. 你怎樣想自己，影響你怎樣活出自己。

6. 自我標籤有自我實現的作用，你將成為你所想所感的那樣。

7. 每一遭遇將成為你的經驗，讓你更有力量。你擁有潛能，用得到則現，否則，只有眼巴巴的枯竭。

第四效　塑造正面「自我意像」與「自我概念」：造就自尊五感

自我意像

標籤影響孩子的「自我意像」，所謂的「自我意像」指的是一個心理概念，是一個人內心對自己的看法。正如當被問到「你認為別人怎麼看你」，你會說出那些可以被別人具體察覺到的客觀事實。例如：

1. 身體上的特徵（身高、體重及外貌）。

2. 個性。

3. 技能。

4. 價值觀。

5. 對於如何適應社會規範中自我理解下男性或女性認知上的規範。

此外，也包含通過自身經歷及認為別人如何看待自己、他人期待自己怎樣的考量，即是說，是一個透過接觸外界環境及結合自身經驗的總和。自我意識始於生命早期，透過生活經歷不斷持續發展，逐漸成形並成為一種思想的模式。

自我概念

「自我意像」與「自我概念」屬不同的定義。「自我意像」是可以被具體看到、可量度的自我觀感。「自我概念」則是對自己主觀想法的概括形象。其中涉及了自我思想的部分，即是參雜了自我評估的判斷。可以這樣說，自我概念包含了自我意像及自我評估。

「自我概念」只能估量而不一定可具體量度，並且極因身處的環境及社會文化影響。就以紅色在中國文化裏代表吉慶和喜悅，在西方則有危險與血腥的象徵，中國人亦認為白色不吉利，西方則以為白色純潔，日本更以白色為喜慶色調。

就此推論，生長的家庭，是最直接形塑孩子對自我觀念的始發點。自我概念的特色就是內在的認知，展現於孩子對自己行為、思想及品德，其中有以言辭表達得出來的累積經驗，也包括對於周邊人及環境的態度。也即是說，孩子對於自己思想、感受、興趣、當時身處社會位置察覺程度的歸納。

這裏有一個十分值得家長留意的地方。那就是隨著孩子成長，自我概念會在不同時段中具備階段性的特色，這到底是個好消息。踏入青少年的孩子，或者在孩童時候被某些標籤定型，但隨著經驗增多、見識增長、接觸的人群多起來，無益的自我概念也可重塑。

毛太有話說

凌亂美也是美呀！

　　毛太說：「我個女阿 Mi 長期披頭散髮，是個唔好惹嘅人。每朝起唔到身返學。趕頭趕命，就索性頭髮都唔梳齊。人哋實誤會佢係個亂七八糟嘅女仔。其實，阿 Mi 間房收拾得井井有條，佢完全清楚自己物件嘅分類同擺放位置。」

　　這樣說來，「披頭散髮」、「不好惹」也只是毛太對女兒的一個看法。

　　「披頭散髮都有乜嘢㗎，唔鍾意咪早五分鐘起床，將頭髮紮起來。」我這樣下了建議。

　　「我夠知啦，話咗好多次，佢都話暫時唔想理啲頭髮囉……」毛太這樣反應。

　　「既然都噉樣決定，就接受嗰種凌亂美囉！將凌亂美作為阿女嘅特色。」我這樣說。

　　毛太睜大眼睛，感到驚訝：「凌亂都可以靚㗎？」

　　有「凌亂美」這個形容詞，當然就會有在凌亂下讓人感到美的情況。

　　這是一個過程，讓作為媽媽的看到這另一面，也好幫助女兒逐漸重新認識自己，建立個人的自信。

\# 兩代人 \# 自我觀感可以多角度 \# 協助年輕人看到正面的自己
\# 自我接受也重要 \# 家長可以做得到

要說「自我概念」是關注別人如何看自己，自尊（Self-esteem）則是個人對自己的感受，以及帶有想法認為他人如何評定及尊重自己。比如對自己帶有了正面或負面的態度，認同或不認同自己，並在這持續的調整中，展示個人能力、特徵與信心。

自尊（Michele Borba, 1993）由五個不同範疇組成，合稱為自尊五感（The Five Building Blocks of Self-Esteem）。對孩子來說，如果深信父母對自己擁有正面看法，有助於他們心中植持相同想法，父母或老師絕對可以營造這種氛圍，促使孩子受益於自尊五感的價值。

分別是：

1. 安全感（Security）

安全感是讓人放心、感到舒適和安全的環境中；因為可以預期會發生的事情而不憂心；也因此能夠信賴別人以及理解規則和限制。家庭中建立正面、可信賴和充滿關愛的氣氛和人際關係，是孩子安全感蘊育的園地。家長訂立透明合理的規矩，也可協助孩子接受秩序而提升安全感。

2. 獨特感（Selfhood）

獨特感指的是孩子了解到自己是獨立個體，接受自己的外觀、特質與喜好；擁有清晰的自我價值觀，善於準確把握影響自己的事情，並可根據現實，接納自己的能力，因此，了解群

體中的自我位置。在提升孩子獨特感方面，家長對孩子善加觀察，確切掌握孩子特質（此點後章會闡述），協助孩子自我認同，並一起發掘特質上可發揮的角色及能力。

3. 聯繫感（Affiliation）

人與人的連結一直是歸屬感的由來。在人際關係中孩子感到被他人認同及接納是其一重點，家長可更延伸至欣賞及尊重孩子的特質與選擇。當孩子感到有所歸屬時會更願意在新的群體中（學校或興趣小組）作出不同的嘗試。古人孟母三遷的故事，現代版的孟母是更適切地了解孩子結交的朋友，並促進他們可發展的友誼，使孩子得到彼此認同及相互扶持的友伴。

4. 能力感（Competence）

當孩子自己完成事情，他／她會感到自己有效率及得到能力感。這並不是等同孩子凡事都能成功地自行完成，那是由淺入深、由簡入繁不斷嘗試的過程。就如學習走路，先有父母攙扶，走得穩當後父母就放手般，孩子也會犯錯跌倒，最重要是那個時候有父母的指導及鼓勵，引導孩子從錯誤中反思。在孩子對自己長短處的了解及接受、懂得揚長避短、養成從失敗中學習的訣竅時，這種能力將會自動在日後被運用上，也致使孩子更傾向學習新事物及應付挑戰，為自己爭取成就感。

5. 方向感（Mission）

具備人生目標及感到生命意義的孩子，會更有動力。這樣的孩子善於以過去及現在的表現為依據，為自己制定可行性高的目標。同時也會分析後果，有勇氣作出個人決定並承擔最終

結果。家長不妨在某段時間（如學期初或新年），與孩子回顧展望，協助孩子培養計劃及落實目標的習慣，提升方向感。

在此值得一提的是，自尊也是 Maslow 提及的「需求層次理論」中第四層（見第一效），重點在於，社會學家已經指出，正面的自我概念有助提升自尊，孩子擁有自我認同感也會增加良好的自我概念，兩者其實是相輔相成的。當確切了解到自尊是成長中不可或缺的心理需要，協助孩子培養正面自尊，讓他們的天賦特質得以發揮，似乎更是 21 世紀下父母栽培孩子的關鍵。

心理需要	自我意像：可以被別人具體察覺到的客觀事實
	自我概念：對自己主觀想法的概括形象 ⇧
	自尊：對自己的感受及帶有想法認為他人如何評定及尊重自己 ⇧

第四效　家長有根有據地著手發掘潛能特質

潛能特質藍圖

　　Carl Roger（1947, 1961, 1965）提出自我概念中有「真實我」（Actual Self）及「理想我」（Ideal Self）兩部分。「真實我」是指我們覺得自己怎樣，「理想我」是透過生活經歷中學習形成對社會要求理解下的自我角色。理想與真實會有距離，即等於「如何看待自己」與「自己認為的理想情況」會有不同之處；相同道理，「真實我」與及「別人眼中的自己」也會有出入。他強調，「真實我」與「理想我」的距離越小，內在與外在的協和感越大，也更能在時間洪流下調適每個人生階段。

　　因為家庭是孩子最先落腳的地方，父母就是提供養分的頭號人物，所以我們將關注點放在父母身上。既然是要把自我概念中「理想我」與「真實我」距離拉近，父母作為發掘孩子潛能特質的伯樂，就如找路的人極需要 GPS 全球定位系統，找出定位與提供方向，理解潛能涉及的範圍（如我們以國家區分地域），及潛能中可被發掘的特質（如我們以道路門牌號確定去處），Ivan Paspalanov（1983）為了更好理解自我概念的形成，在這方面提供了一個較完整的地圖藍本（Milenkova & Nakova,

2023），共有十大範圍與十七項潛在特質，讓我們以此為共同依據，便利表達與溝通。【潛能特質藍圖】如下：

潛能涉及的範圍	潛能中可被發掘的特質
1. 社會 2. 社會規範 3. 學習 4. 創意 5. 自主性 6. 個人態度 7. 對成功的態度取向 8. 生活態度 9. 道德考量 10. 社會參與	1. 勤勉 2. 有組織力 3. 守紀律 4. 敬老 5. 好奇心 6. 原創性思維 7. 責任感 8. 獨立性 9. 自信心 10. 自我反省能力 11. 耐力 12. 幽默感 13. 樂觀 14. 有禮 15. 誠實 16. 具批判性思考 17. 具社交技巧

　　家長大可與孩子一起，以孩子現在擁有「真實我」及自己想擁有的「理想我」，運用以上所例示的【潛能特質藍圖】，共同審視一下，排列「自己認為理想情況」的優先及「覺得自己怎樣」，掌握其中的差距。

 **個案分享**

提升孩子自尊的親子溝通·

　　小尊把在「學習」範圍「負責任」的特質在「理想我」中列為第一位置，同一特質卻於「真實我」中排行第三。

小尊自我概念的結果：			
範圍	**特質**	**「理想我」**	**「真實我」**
學習	負責任	1	3

　　掌握了這個距離後，家長可以讓孩子聽到：

　·「你最想做個負責任的人，只是現實中覺得自己仍然做得不足，是吧？」或

　·「誰人無過，只要在錯誤中學習有所改進，就很好了」或

　·「我察覺到你對自己的有所期待，一定會做好的……」

　　當見到孩子接收父母正面應允及鼓勵，也是他／她走向一個覺得自己「有能力」的旅程契機，家長們請多製造這種美妙時刻吧。

 **毛太有話說**

毛太說：「大懶蟲阿女有新發展。」那是：被母親長期以「大懶蟲」標籤的女兒，即使是自己作畫用色下了功夫，在視藝課上被老師公開讚揚，得到別人認同，卻感到老師真是「大整蟲」，感到不知所措。她情願躲在自己的舒服區──那個不必與人相交，只有自己的角落；更拒絕因被嘉許而讓自己暴露在眾人眼光下。

「既然你都觀察到阿女在構思及用色方面都花盡心思，老師的稱讚或者是有根據的哦！」毛太也點頭，只是不知如何整理思緒。

「自我概念」是可以透過對自己正確的認知而逐漸調整過來。因為「阿女的確有花心思認真地作畫」，並因此「得到老師認同」和「同學的注目」，即使毛太對女兒其他行為有所不滿，也無法否定她當時作畫的態度及期間的樂趣。

「阿女喜歡畫畫，是吧？」我希望毛太再次確認自己的觀察。

「我諗係掛，睇到佢淨係諗住用啲咩色去表現心中嘅影像，好似就好興奮。」這樣的女兒，遠離了那個「起不了床老是缺課」的「大懶蟲」形象。

家長們只要留心觀察，一定「捕捉」到孩子這種「感到興趣」、「會花心思」的狀態，此時，大可加以鼓勵。話語如「你果然有作畫天分喎」、「看到你興致勃勃又認真投入，我感到很歡喜」、「我支持你，多畫一些吧！」都比一昧用「大懶蟲」固化地看自

己的女兒好。更莫說，就是有媽媽肯定、心知媽媽會支持自己的孩子，會因此產生動力而更願意投入時間及耐性，完成某個自己感到有興趣的事項。當孩子心裏有想追求的科目，自然會衍生動力去上課，擺脫起不了床的狀態。

幫助孩子建立自我觀感 # 留意孩子興趣點 # 鼓勵及肯定 # 去標籤化

圖片來源：CANVAS

行動起來

我們作為孩子身邊的頭號人物，如何利用「自我概念」與「自尊」中重要的認同概念？

自我概念（我是誰？）	自尊（我覺得我是誰？）
1. 我是父母的孩子	我是被父母關愛／不關愛的孩子
2. 我住在哪裏	我喜歡／不喜歡我住的地方
3. 我是學生	我是對讀書有興趣／沒有興趣的學生

　　就如以上的理解，再加上【潛能特質藍圖】，除與孩子一同審視，讓孩子感受你的關注及在過程經歷認知上的反省，同時，家長可採用以下步驟，作出跟進：

　　① 了解孩子的想法：透過與孩子的交談（及答題後的結果），理解他們的自我概念，確保孩子處身的現實要求，與他們的自我概念匹配。譬如，將自己視為被動的孩子，與其期望他成為領袖，更適合的，是鼓勵他參與團體活動，先成為一個團體合作者。

　　② 與孩子探討優劣：幫助孩子以自我概念了解自己的優勢弱點，協助他們訂立切合實際的目標，並共同制定他們需要改進的地方。

　　③ 孩子的成長發展：共設立目標，家長可以探索哪一種的相處及培育模式更適合在孩子那個時期的成長需要，譬如青少年需要更多的自主與信任，或孩子在學習上感到吃力，家長提供資源如補習，或將自己視為活躍分子的孩子，家長可讓他先組織家中活動，也可在家長日，向老師分享孩子自我概念的想法，促成老師讓孩子在校發揮活躍好動基因的機會。

　　④ 讓孩子欣賞自己與別人：自我概念人人擁有，家長透過

自我概念，除引導孩子了解自己，也同時了解別人。譬如，與孩子分享你的自我概念，或者有兩個孩子的家庭，家長讓大家一起透過這種互動，幫助孩子們互相欣賞彼此的長短處，促使自我接納及認同。

我們必須強調，踏入 21 世紀的 AI 人工智能時代，機械已取替大部分人類的身體能力，人工智能也以生化演算法（如表情感測器等）解讀出正確的人類情緒，眼見現下，ChatGPT 被大學接受，成為學生答題工具。如果你認同 Harari（2022）所說，無人機終有一天取代飛行員，於 2050 年人工智能與人類的合作將成為就業特色；在這轉變中，我們到底要看重孩子何種特質？誰都說不準憑讀記背書取得卓越學業成績的尖子，放在需要人際技巧的群眾中工作可以同樣得心應手；也不敢說特別敬老的孩子將來不會成為活齡銀髮團體的領袖。要是你知道幽默感是對抗憂鬱症的解藥，你或會重新欣賞現在顯得「搞笑」的孩子。

我們並非要說學業成績不重要，只是要指出在以科技主導，並因科技帶來很多新改變的時代中，人的每項特質都可能成為未來發展求生的本領。建立自我協調一致的人有以下展現：

- 覺得自己吸引及合意。
- 相信自己聰明及具備思考力。
- 確信自己本質上樂觀及健康。
- 感到自己的進步及漸次成為理想的我。
- 相信別人也認同自己已察覺得到的個人正面特質。

只要是擁有自知並滋長了這樣的自信，必然能與 AI 共舞，創作那個時代變化中自行釋出的應對，而活出自己。

家長甲：

　　我 12 歲的女兒，不喜歡上學，老是窩在床上，放學後也只躲進自己房間，並拒絕交友。她認為朋友們都很漂亮，自己則長得難看，身邊的同學都不喜歡自己。

麥姨姨：

　　你的女兒擁有負面自我觀感，認為自己「難看」。作為家長，你可以發掘「好看」的不同面向。不是有一經典句子「情人眼裏出西施」嗎？當有人喜歡你，你就是漂亮的那一位。父母可一再強調她是你們的寶貝，並在生命中見證了她的美麗。常說說小故事，回顧並提及她有禮貌、優雅及具魅力的往事或場合；也可從個性入手，說出她善良、顧己及人的特質等。「美麗」是單一形容詞，並不代表也不概括一個人的全部。與女兒一起，發掘她的興趣、心中的期待，並將相關內容聯繫到「美麗」的面向，這面向可是知識的尋求、天分的展現、技巧上的提高等。

　　在社交方面，她需要你的交友錦囊。父母可以尋求老師的意見，並理解她在學校被孤立的原委，是發生了校園欺凌事件嗎？另外，幫助女兒建立信心，對她感興趣的事情，例如游泳、打乒乓球或羽毛球等；讓她展示強項，譬如烹飪、數學或已掌握的某些技巧，並且，給予讚賞及鼓勵，務求讓女兒看到另一面向的自己。

家長乙：

　　我的兒子 15 歲，身邊友人大都有女朋友，他自己卻是形單隻影，感到自己不如旁人，是個「失敗者」。

麥姨姨：

　　找出他何時開始以「失敗者」自稱？是否踏入青少年階段後他想交女友開始有此想法？作為家長，你可與他作出交談，並告訴他何謂成熟何謂成長，發掘他的強項、天分與優勢，並替他分析弱點，同時強調已擁有的技能，及個性上的優點。更可與他分享異性交友的技巧，在結識朋友溝通上，以分享相同的興趣開始，並以共同感興趣的課題作為話題，例如歌曲、音樂、藝術或運動。

　　告訴他青少年成長是個極具備挑戰的階段，他必須理解自己並接受自己，作出自我發展，改掉壞習慣並增強潛能發揮與茁壯成長。與他共同探索他期望的成績，並促使他作出嘗試，逐漸取得小成果後，他終會踢走「失敗者」標籤，並以不同的描述如「挑戰者」、「探索者」等取代。

❓ 老師提問

老師甲：

　　我剛加入一所新學校，前任老師告訴我阿尊是「造反派」、阿珍在課堂上說過不停就是個「摩打嘴」，他認為自己能幫的已經幫盡。這些標籤在我腦中揮之不去，當我遇到他倆時，不由自

主地受限於腦子裏負面的感覺。我能夠如何處理？

麥姨姨：

　　對於老師們或所說的前任老師，這種情況並非不常見。兩位學生或已經讓老師們耗費心力並感到挫敗。作為老師，你可以重新開始，花些時間在他們身上，發掘他們性格上好的特質，正如阿尊可能是你一個小小好幫手，讓他在你的守護下，賦予他一些責任，如替你發放書簿或擦拭黑板。阿尊會感受到自己的重要性，逐漸遠離「造反」標籤，並成為老師言聽計從的「乖乖」。他獲取了信心，當作出令人生厭的舉動時，也願意尊重老師所言。這樣，老師在無形間，助就並監督同學改掉無益的行為。

　　阿珍或許是擁有一把好聲音，大可給她做些事。譬如成為班中的主播，當老師進入課室時，專責宣講「請站立」、「老師早晨」；請她成為班長，維持班內寧靜環境及秩序，午餐時同學在她督導下依次排隊等。只要他們被給予了責任，縱然看似微不足道，他們也知道自己的天賦本能有發揮餘地，且會學習改變認知中的標籤而變得正面。

老師乙：

　　我在特殊學校就職，學校裏很多學生被標籤為「注意力不足及過動症」及「自閉症」，似乎我只能接受他們這些標籤，而沒有其他出路，並且這樣與他們相處。

麥姨姨：

　　的確如此，有些醫學上的診斷名詞，總是產生非理想的效果，讓孩子被標籤了。我們的意見是，必須將這些標籤放在低調處，這些標籤只是解釋孩子們顯得喪氣難當的原因，及我們可以如何在不同場合下協助他們。這個從來都是比較不易處理的範疇，但實情是，在標籤下每個孩子都擁有獨特的自我個性，我們可以設立某些技能組合，給每個個體學生設計某些技藝，好讓他們發揮個人潛能。譬如有些孩子強於音樂、有些對數字敏感、有些對顏色有獨特透視力、有些則能背誦出世界各地的首都，當老師們能夠以「天生我才必有用」設想，用上孩子的天賦本領，這等於是替他們作出建設性的人生目標。

　　對於無益的行為，如尖叫或無故亂跑、把腳放在書桌上等，老師們可用標記獎勵法，協助孩子改變行為。譬如舉手後才說話、不以喧譁獲取關注、強化學生在座位上靜坐 15 分鐘或半小時或腳放在地面上，這個固然將涉及學校和老師們很多的計劃。你大可接觸學校的心理學家或輔導員，商量並共同協商找出對策。

結語

　　與年幼孩子的對話時，家長應當小心留意自己的措辭及用語，在發展階段，正面的標籤致使孩子感受積極、溫暖及愉快，這有助他們形塑個性特質，建立正面的自我概念與自尊，讓天賦潛能極致發揮。

當家長提供評介時，尤其在給予負面的回饋時，請三思並採用積極方式，這固然需要很多的耐性及練習，但卻是一個能夠學習的技能。

　　當孩子認受負面標籤並認為自己的確如此，我們可以協助他們掌握自我概念，用心觀察孩子潛能特質，去蕪存菁，揚長避短，以過往的成就、給予多些稱讚及鼓勵，並配對新的機會讓他們發揮天賦，移除負面標籤，尋找並建立有效自尊。這樣，孩子可以重繪不同的自我概念，充分成長並發揮潛力（請參考第三效）。其實，孩子生下來就是一張白紙，完全看家長們如何培養及塑造。

幸福有效溝通錦囊【幸福父母重塑孩子自我概念】

去除負面標籤	選擇合適的字眼
	以正面方法重構負面反饋
	別讓自己牢套在負面標籤

讓我們換另一角度，以如何協助孩子改正錯誤作為出發點。

協助孩子做好自己的角色	提供機會，讓孩子看到自己不同的一面
	在無意間讓孩子聽到你對他／她的正面評論
	提醒孩子他們過去的成就
	表達情感、感懷之心及期待

在適當時機下，家長及老師可指示孩子其新的可能及景象。

建立有效自我概念	造就自尊五感
	著手發掘潛能特質
	持續在不同人生階段跟進

促進孩子展現潛能，協助他們進入覺得自己「有能力」的旅程軌道。

5
第 五 效

創意的一步

解難解得到

「Eureka! Eureka!」這正是 Aha-moment 的意思，可以理解為某個瞬間「靈光乍現」，「頓悟時刻」就是創造力嗎？

　　創造力是一種特質？是天生或是可以學習的？與家長個性特質及父母行為有關聯嗎？

　　創造路上也與孩子同行是如何做得到？父母也可具有創意地解決當下親子課題嗎？如何以設計思維應用現有各種資源，更佳地發揮創造力？

簡介：什麼是創造力？

Torrance（1981, 1996）與其他學者認為三個思維才能直接與創造力有莫大關係。

① 流暢性：針對同一課題或問題，在數量上很是充沛並提供各種不同想法，或有能力在同一問題上大量地交出各種可行性的解決方案。

② 變通性：在轉變思路及設計不同類別反應的能力；可以用不同方法或策略思考的能力。

③ 獨創性：有能力給出獨特或異於尋常的可能性，或是罕有、不常有，或不普通但有可能的反應。

創造力是為成就而表現出來的人類潛能，透過原創發明或突破創新，並在過程中衍生產品的人類活動而展現出來（Lubert, 2001; Fearon et al., 2013）。它是開拓新穎事物、技術或延伸想像力，及個人獨特意念表達的能力。

創造思維是指一個新發明，或解決問題提案的思維過程，經典例子如藝術性吐故納新、音樂靈感或小說家天馬行空的故事創作。創作者在清醒是喚起自己在朦朧幻覺或做夢時的意念。神經科學認為，一般人零碎不一的思緒會在做夢狀態下貫穿成為意念（Paul Seli at Duke Institute for Brain Sciences）。

確立有效量度創作概念並不是易事，21世紀的神經影像技

術正揭開創意成形及怎樣孕育創意技巧過程中的細節。其過程涉及認知控制網狀系統者（這包括與計劃、解難的執行功能），及在呆想腦放空和發白日夢時最為活躍的預設網狀系統。這兩個網狀系統甚少同時工作，只有在創作的時候才並駕齊驅地發力。美國喬治城大學認知神經科學家 Adam Green（2017）指出，在大腦額極皮質（frontopolar cortex）與創意有關，刺激此腦區將令創意能力提升。

不過，創意並非單一獨生，而是依靠各種完美機制下無縫運作（Kounios et al., 2015）。研究者形容，第一步是快速潛意識思維，即被稱為「頓悟時刻」（即思考過程中突然對之前並不明朗的某個局面顯生深刻的認識），問題的解決方案頓然明朗化的那個時刻。

第二步是審視及優化意念。到底沿用哪種步驟，則視乎每個人的專長。研究員利用腦電圖（一種記錄腦電波的電生理監測方法）檢查爵士樂手以鋼琴即興創作時大腦的活動，發現越有經驗的樂手，他們更多由左腦後部自動及潛意識中產生創意。

Kounios 在實驗室請受測者以字謎詞語遊戲，檢測創作洞悉力與大腦犒賞系統的關聯。那些對犒賞系統極度敏感的參與者，在眶額皮質（是個對基本喜好如美食或藥物成癮反應的一個腦區）（Neuroimage Vol. 214, 2020），此區與內有對創意思考有神經性犒賞，正如我們因為創意已接通愉快的感覺。有時「頓悟時刻」（靈光乍現）是一個重要意念發自肺腑的標誌，但是我們仍須警惕謬誤性的「頓悟」並不一定會有效益。

犒賞系統	頓悟時刻	眶額皮質
（Reward System）是一組神經結構，旨在維護動機顯著性（也就是動機、需求、喜好等）、聯想學習（主要依靠增強和古典制約）和正面情感（尤其是以愉悅感為核心的情感）。犒賞通常是極具誘惑的刺激，能夠引導出滿足欲望的行為。成癮：腦部失調的情形，特徵是會強迫性的接觸犒賞刺激，不去考慮其帶來的負面結果。（網頁資料）	Aha-時刻（Eureka!）源自古希臘故事，阿基米德在洗澡時思索到用水來測量不規則物件體積的辦法，興奮得大叫「Eureka! Eureka!」，意思就是找到了！這正是Aha-moment的意思，中文方面可以理解為在某個瞬間「靈光乍現」，「頓悟時刻」、「茅塞頓開」。（網頁資料）	（Orbitofrontal Cortex，縮寫 OFC），又譯為眼窩前額皮質、眼眶額葉皮質、前額葉基底部，是位於大腦額葉前下方的前額葉皮質，是與決策的認知過程有關的一個腦區。（網頁資料）

第五效 創意是天生或可學習？

天生有創造能力

不少集中研究創造能力的調查指出創造力是一種特質。有一些人天生就是比其他人更具創作力。有創造能力的人更傾向具備迎接新體驗的個人特質；有創意的人擁有好奇心，並因此牽動他們以新的方式學習新事物及體驗世界（Abraham A., University of Georgia Torrance Centre for Creativity and Talent Development）。作為家長或教師，當孩子給出了一個意想不到答案的時候，重視創意及思路開通，將有助塑造創造力。

腦袋放空可以讓意念流動，由著一個人有目的並有規律地發白日夢，有助大腦不真正連貫合作的網絡系統形成更強的聯繫。Zedelius et al.（2021）發現大多數的白日夢都涉及職業改變、放假、有所發明、更大的藝術成就與更多的日常靈感。不過，其中有關計劃或解難的白日夢與創作行為則沒有關聯。

有研究建議，多點置身大自然會提升創造力（Williams et al., 2018）。讓腦袋在戶外神馳，知覺作意擴開之時，思想範廣度也隨之變得寬敞。在窗邊工作將有助培養這種技能，你可以試一試、學習並多練習。

家長個性特質及父母行為與孩子創造力有關聯嗎？

最近，中國社會在孩童創意發展上越加關注（中國文化如何響應母子關係，其中對孩子創意才能影響的地方需要作出更多探討）。

一般而言，母親是最初始及重要的照顧者，這角色在兒童發展額外吃重。到底母親的個性特質及家長行為與孩子真正的創造表現有關聯嗎？若真是有，用上母子關係中以創能、家庭環境的培育，尤其母親採取的管教作風的研究角度，將為我們帶來深刻理解。

1. 家長個性特質與孩子創意表現

文獻（Clark et al., 2000; van Aken et al., 2007）指出家長個性與家長和孩子行為普遍相關。用「五大性格特質」：神經質（neuroticism）、外向性（extraversion）、經驗開放性（openness）、親和性（agreeableness）及盡責性（conscientiousness）量度母親個性特質，Kwasniewski et al.（2017）的研究表示，母親擁有經驗開放性及外向性特質，會展現高一些的創作潛力，另一方面，高度神經質（保護性比較強）則具備較少創作潛力。

Copland et al.（2009）總結母親的神經質會帶來過份保護的家長管教作風，而親和性較高的母親代表低調但嚴苛的作風。

Smith et al.（2007）發覺帶有高親和性的母親對孩子表現出溫暖與支持，向外性較高的母親展示母性溫暖，由此更顯得支持孩子自主，但此類母親也向孩子實施較高的權威主張（Smith et al., 2007; Losoya et al., 1997）。

　　還有一點是，有高盡責性的母親在孩子自主上展示支持，但卻是更加支配及限制孩子，同時比較少強制紀律嚴明（Clark et al., 2000; McCabe et al., 2014）；這類型的母親給予孩子較理性、結構化和少些強硬的家長作風。

　　總結以上研究發現（五大性格特質）：

較高的親和性	對孩子展示較多溫暖及支持較少嚴苛作風	Smith et al.（2007） Copland et al.（2009）
較高的外向性	展現溫暖、支持，也提供創意「氛圍」，其間對孩子施行高權力主張。	Smith et al.（2007） Kwasniewski et al.（2017）
較高開放性	對創造力有正面態度	Kwasniewski et al.（2017）
較高神經質	偏向保護性	Kwasniewski et al.（2017） Copland et al.（2009）
較高盡責性	對孩子自主展示溫暖與支持但傾向控制及有限制性	Smith et al.（2007）

　　反過來說，Fu et al.（1983）的調查顯示母親個性特質對學前兒童並沒有任何顯著的關聯。這不一致的結果或是因調查對象數量少及量度創意能力的方法產生限制所致。

　　2.　家長作風及孩子創意能力

　　母親個性與管教作風兩者有所關聯。根據 Baumrind（1971）

對家長權力的研究，有三類：

① 獨裁型：高控制和對成熟的要求，但有回應度和交流。

② 恩威並重型：高控制和對成熟的要求，及有交流。

③ 放縱型：高交流和回應度，但低控制和對成熟的要求。

Feldman & Klein（2003）發現對孩子給予溫暖和靈敏反應的母親，會帶來母子正面及有效互動，對此，孩子在接受家長建議下也更願意改善行為（Kerr et al., 2004）。相反而言，親子間負面交流，或更惡劣點的以懲處作為相處，則會令孩子錯誤行為變本加厲。

在 Xu et al.（2005）的研究顯示，內地媽媽更喜歡獨裁型與恩威並重型，結果指出恩威並重型家長可以提升孩子創造力，但獨裁型家長在高中孩子創能則扮演負面角色（Mehrinejad et al., 2015）。早前的調查研究有其重要性並為日後的發展創建基本，家長管教作風與孩子創造力的研究實是值得持續探究。

 毛太有話說

開放迎來會與人交流的孩子

毛太說：「家長日見咗老師，先知道新冠三年來，女兒在校好少開聲講嘢。唔會舉手答題唔出奇，但係唔會同人傾偈，呢一下實在令人擔心！佢喺屋企都會同我哋講嘢嘅。」

「不過，諗落佢係有啲唔同，細細個同佢爸爸好鍾意一齊捉國際象棋，捉棋時有傾有講，最近推佢爸爸出房門，話佢好煩，

要佢唔好騷擾自己做功課，搞到爸爸好有癮⋯⋯」毛太滔滔不絕。

可以想像中一至中三這三年疫情，阿女多以網課為主，錯過了初中結交新朋友的機會。性格內向的阿女，更鮮會主動拓展生活和朋友圈子。

請毛太明白青少年會有「想擁有自己一片天地與時間」的需要，這並不等於她抗拒且不再喜歡父母。以新的眼光重新審視現已長大成為中四學生女兒的需要，有助毛氏夫婦與孩子相處。

再請毛太回去以「除了學校科目，你有什麼想在外面學的嗎？」與女兒交談。

其實，阿女已經懂得捉國際象棋，知道如何在每個棋子都有限制下部署策略將對方一軍的思維邏輯，同時擁有「棋局時時變化，我如何化危為機成為贏家」這種解難思維。毛太回來說：「阿女想學電腦！不過係電腦嘅乜嘢，就唔知喇。」

毛太向班主任反映，又聯繫學校電腦老師，老師讓阿女與其他校內電腦愛好者一起學習編程。雖然女兒仍是內向，但在討論電腦事宜上，會表達自己的想法，開始開聲與人有交流。

父母多腦震找方法 # 以開放態度迎接孩子成長 # 延伸孩子本領 # 聯繫現有資源幫助孩子

圖片來源：CANVAS

Brito 和 Thomaz（2020）發掘了母親的個性、管教作風與孩子創造力的相互關係。母親個性與孩子創造力並沒有直接影響，但母親管教作風（當家長管教作風被設置為中介變數）與其個性及孩子創造力有非直接關係。與早期 Fu et al.（1983）的調查一致，母親個性與孩子創造力沒有統計性有效，但是，當加上家長管教作風，母親個性的確影響了孩子創造力。這統計性無效可能源至於母親看自己與孩子如何接收了她們真實個性的差異。

Brito 和 Thomaz（2020）發現神經質母親在原創性上與獨裁型家長有統計性有效的非直接效應。在這方面，結果與早前 Coplan et al.（2009）所結論的神經質母親引發過度保護的家教作風相同。在獨裁型家長與創造力的關係上，其結果與 Fearon et al.（2013）在牙買加小學所做的調查中，獨裁型家長對學生創造力有負面影響的發現一致。

獨裁型家長是一管束作風的型態，此處可解釋她們在孩子創意的反效能。敏感（神經質）母親因比較約束（比獨裁型更甚）孩子行為，因此，挫傷孩子嘗試新事物的動機，同時限制了創意。即使開放個性的母親，要是她們選擇清楚表達家中規條與禁止，這就在想像力方面產生負效。這或是因為只要家長宣告無可置疑的家規，就失去孩子活動的空間了。Kwak et al.（2008）有類似的發現：母親的注重力一多，孩子探索就減少。親和型母親或為著孩子著想，偏向施加較少規條，這反而增強孩子想像力。可這些都不曾是獨裁型類屬的展現。結果證明家長創意和家長管教作風對孩子創造力有顯著的影響。

怎能變得有創意？

1. 那是一種技能，要花時間學習和實踐。

2. 由得思潮有目的地自由遊蕩（白日夢），打坐可以幫助發展具有目標性的空想習慣。

3. 練習腦震盪想法。

4. 多與大自然共處也置身於開闊的天地中，提升思想神馳並促進創造力。

5. 重新考量創意，加以評論和開創。

第五效 創造技能的好處與例子

在解決難題、開創意念、改善生產力、以新的觀點立場作出挑戰方面，創造技能都是重要的。同時，它造就更高的工作滿意度與較低的工作壓力。

① 好奇心：學生可以積極尋求資訊，學習專題，拓展知識。在團隊工作更為有效，也會作出更好決定。

② 彈性與接受性：在新意念、討論和資訊前從善如流在創造力上必不可少。學生可發展聆聽技巧、站在別人立場思考問題、接受有貢獻性的批評、表達並交換意念，靈活保持彈性將幫助消除人際矛盾，也與別人建立更好的關係。

③ 想像力：運用想像力可以透視任何境遇的各種演變、預計後果、審視各方案的優缺點，使得人有跳出框架思考及在競爭中獲勝的權能。

④ 同理心：是一重要的人際及創意技能，直助於消解矛盾及與他人發展有價值關係。

⑤ 建立社交網絡：與不同背景界別的人相處，學習並開拓新洞見及技能。

⑥ 解決困難：技能包括處理具挑戰性境遇的能力，這同時極需要創造力和分析思維。

解難技能

下列具可行性的解難技能包括：

① 積極聆聽：孩子可在不同時間學習這個技巧，很多孩子激動於告訴自己的故事，但家長需要逐步教導他們聆聽技巧。這就如乒乓球遊戲，一方要停下來，讓對方有機會回打，不能只是單方面玩這遊戲，無間斷地說個不停。

② 理性分析：這是可以被訓練的認知技能，有不少例子讓孩子練習。在概念之間勾畫出關係，識別和分辨概念的不同。比如愛、被愛是被認為出自同一概念，不被愛也被考慮為一樣的範疇，被毀滅卻屬不同概念。

③ 有效交流：接收、傳遞、由有他人接收屬三種有效溝通的渠道。不少人在表達個人意見上有困難，不能被人好好理解。為了達成有效溝通，讓人易於明白的簡單表達最值得推崇。運用簡單簡練的字眼表達自己，有效溝通的訓練與大人們的以身示範有助提升此技能。

④ 有效組織性常規：可以幫助幼年孩子養成將自己房間整理得有條理的習性：書本放在書櫃上、衣服摺好放在抽屜內、骯髒衣物放進洗衣籃等，只要學習了這些常規，孩子能夠延伸至學習及工作。孩子經常忘記學校體育堂的制服或功課，只要養成常規條理性，他們完全可以將翌日上課需要的細節及物件

都準備好。由常規做起，他們將逐漸形成組織認知技能。

⑤ 周全計劃技能：這可由託付孩子具複雜計劃技巧的事項或難題而建立。比如，從家裏出發去東京渡假，有什麼是需要的？如何著手進行？在丟失手袋時可以怎樣處理等等。

⑥ 耐性與堅持力：這是指在面對問題時仍然對目標鍥而不捨。這與個人特性有關，或會是在實踐上是一具難度的範疇。一個人可以是衝動、急性子，而另一個會是慢郎中、謹慎小心，且會在做決定前花時間權衡利弊輕重。父母可以從小培養孩子保持冷靜及等待並延遲享樂，這是指，與其急著立刻去獲取心中欲望，可先等待幾分鐘，這種耐性終被獎勵。

有不少青少年對如何活出自己沒有想法，協助他們找出生活目標（職業想法如做老師、護士、飛機師、工程師等），與生命的意義（成為一個誠實且會幫助別人的人）乃是明智之舉。只要他們在某些領域感到有興趣。父母可以鼓勵孩子以堅持力，跨越難關、具足耐性以目標為本，沿著這個方向、價值觀及生命意義進發。

如何改進解難技能？

① 提升想像力：在某個特定範圍內尋求更多知識，參加網上課程和研討會，學習及改善解難方法，以規律性的閱讀提升想像力，由此獲取不同角度的知識理解。

② 尋求解難機會：這顯示你對學習和提升技巧、保持信心的殷切。將自己處置有困難的場景內，你可以學習不同解難的方法，你必須超越預計及克服局限，在建設團隊的活動中，解難練習是觀察個人和團隊如何一起克服困難不可或缺的經驗。

③ 觀察他人解決難題：在不同場合中，觀察都是學習的好方法；也請教周邊的人，請他們分享解決困境的過程。

④ 利用繪本：做思維腦震盪，穿透難題，繪製方案。

⑤ 決策思維：以拼圖和多面複雜性遊戲開拓分析、決策思維和思維導圖技能。

⑥ 徹底跟蹤：持續思考並徹底跟蹤至成果階段，評估解難方案與結果，反省成效性。

第五效　改變心態騰出創意空間

　　有些家長表示，明明就知道自己心中祈求的是孩子茁壯成長，可又老是記掛著他天真可愛、聽教聽話的面向，對於其他面向相處得不順利，著實掛心又時會惱火。

　　生孩子或許有專家團隊侍候（現在的月子中心由懷孕、生產至坐月子全程提供專業服務），有人吐嘈，誰會是天生下來就懂得做父母，但做父母沒有專科學校提供知識，靠的是自學；針對社會上各種因父母疏忽而產生的悲劇，有人甚至倡議做父母要考牌。也有父母說，家有兩個孩子性格各不同，與他們相處動用的是不同的兩套方法，哪有一本通書讀到老？紛紛陳述各種觀點，極其熱鬧，說到底就是緊張未來的一代。要談不以一本通書讀到老，即是針對自己固化的認知，進行鬆綁，打破思維模式，就能增進創意的空間。

　　Jonah Sachs 著作《創新者的大膽思考》（2019）內有一段故事，具有啟發性。在風雨飄搖時間上任為印度電子公司 HCL 的執行長 Vineet Nayar，首次公開在公司四千名員工前露面，做的是走下講台，隨著響起的寶萊塢歌曲搖擺自己中年臃腫的身子，用笨拙舞步拉起台下員工與他一起跳舞。

　　他事後憶述，之所以讓不善跳舞的自己公開地跳一場，這樣出了糗後，也沒那麼需要維護自己的所謂專業形象，員工更

樂意敞開心扉建言，做到集思廣益以挑戰眼下艱鉅的任務。

　　做父母最多也只是一個願意，很少覺得自己是真正擁有十足準備，才毅然做起父母。因此，在這個必然與孩子共處一生的角色中，面前或許只有兩個選擇：躍然跳向未知或不斷祈願。說真的，其實兩者都是。

　　世界級音樂家坂本龍一在《我還能再看到幾次月滿》（Sakamoto R., 2023）中提到：

　　　我們看到夜空的星星，就把那些明亮的星點連成線、描繪成星座。實際上那些星星彼此相距幾萬光年，我們卻把他們看成位於同一個平面上。同樣地，如果我們在白色的畫報上點了一個點，點第二個點時我們就會用直線把兩個點連在一起，接著如果再點上第三個點。我們就會把他們連成三角形。

　　那是他點出了人類大腦的慣性，看見頭兩個點，就急著為事物找出意義的習性，「揣度」餘下的必然。他以否定這個固化思維為創作始點，收錄大自然各種面貌的「事物本身的聲音」，用「非同步」（async）為名製作音樂專輯。他提出雨聲隨機落下，受到風吹及雨量等（我認為雨滴落在哪裏也有影響）因素的影響，並非同步，但卻是最自然最真實的原本。

　　以「歸回原本」的想法成為創造點的話，若然哪位家長，認為「我只是生你照顧你的父母，並不是教育能手，卻願意陪伴你走過成長道路」，或許就可以在孩子進入不同過渡階段衍

生出新問題的場景中放下「我是你的父母」，那個「有點高了些、有點都要懂得、都有責任讓事情如預期發生」的「台上」位置，聽取孩子不同的想法，或甚至是少見的觀點，這樣，就有機會集合各人的創作力，聯手共同解決問題。

保持創造的狀態

　　因此，在應對孩子培育的創造力上，似乎在一切創作之前父母先放下身段、放低自我，與其以「我就是能夠給出重要指示、並定會培訓你成為成功人士」的姿態，不如展現出「對未知的未來充滿好奇、也願意開放各種思維，我與你同行」的想法來得更受孩子歡迎與尊重。一同和孩子探索而不是用「考了牌」專家式的相處，不但解除父母壓力，也可以與孩子並肩地在共同面對問題時，開展出了一個無限可能的領域。

　　與坂本龍一所提及雨聲參差不齊的特性一樣，有些育有兩個孩子的父母都看得出孩子們各有千秋、不能劃一而處；同樣地，在說創意的時候，又何來一套恆常不變的規則。若說在育兒路難題日日新，那麼創意也要時時轉，才稱得上真正陪伴孩子成長。

　　保持創造狀態上我們可以：

　　1. 由新手父母做起，也常常在新問題面前，以好奇開放的心態，鬆開固有的思維模式，打破現有的辨識認知慣性，重新做新手，促進創意。

　　2. 放下身段，不必以「我是大人」自居，尤其在青少年孩子面前，有時讓自己展出醜事糗事，承認身為父母也有「不屬

害」的時候，除了表達自己「也會學習」的謙卑，也促進孩子以積極動心的樣貌，與你合謀共獻，應對難題。

3. 我們越是想快快解決問題，越是會將問題想得比現實中迫切，這反倒會容易陷入慣性中的盲點，忽視其他有可能的選擇。在發揮創意讓創意解決問題上，更要多聽意見，或預留時間進行創意思考，這都能增加可供選用的辦法。

設計思維的運用：讓高興
片段成為解決方案的靈感

　　史丹佛大學設計學程執行總監 Bill Burnett 及產品設計學程
講師 Dave Evans 以他們耳熟能詳的設計思維，於著作《做自己
的生命設計師》（2017）要我們記住：「地心吸力問題並非屬
真正的問題，它是一個你身處的環境，並且不是一做什麼就可
改變，也沒有一套解決地心吸力的方案，可以做的是接受或重
新定向。」正如做父母是由你生下孩子那一刻的事實，在培育
孩子的過程中種種問題的衍生，正如「地心吸力」本是一個逃
不過的事實。那就用創意解難吧。

> 採用現成材料做創作……
>
> 現在不是去想缺少什麼的時候，該想一
> 想憑現有的東西你能做什麼。
>
> ——海明威

👍 指引【設計思維的運用】

　　有用的兩個認知理解，可以在你感到不順利時有所支持，
沿用設計思維持續找出對策。

圖三　支持設計思維的認知

非理性的想法	真不順利，我感到被困。
重構	因為我能衍生很多點子，總有生機。
非理性的想法	我找到一個對的想法。
重構	我需要各種不同想法，從此發掘更多有可能的應對方法。

並且堅持相信：

1. 當你能有各種看似不錯的好想法時，你會更有選擇性。

2. 當問題發生時，你不會選擇第一個跳入來的方案。

那是因為我們有躲在舒服區、慣性依賴慣常想法的傾向，因此為了盡快解決問題，老以為第一個想到的辦法，就是應該被採用並執行的那一個，但其實這樣做，往往阻卻了你發揮其他潛能的機會。

很多父母的心願是孩子健康、平安及快樂地成長，不過孩子遇著管教，尤其在青少年階段，難題就比較多了。在此，替正做父母的大家設計角色發揮，希望在運用書中的設計步驟與設計思維，給父母示範遇難時可以幫助自己的創意。

孩子出生時粉紅糯米糰的樣子讓人愛不釋手，肚餓大鬧天空實在讓人不得不把需要的食物送到他／她的小嘴巴，也給小毛頭溫言溫語安慰，只要看見他／她一個微笑、一個對你邀約有反應的動作，一切的辛苦都值得。

圖四 【設計思維地圖】示範

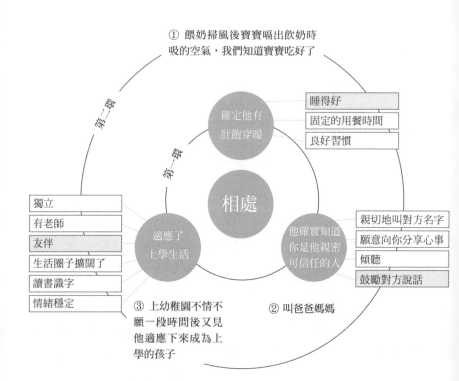

① 餵奶掃風後寶寶嘔出飲奶時吸的空氣，我們知道寶寶吃好了

第二環

第一環

確定他有肚飽穿暖

- 睡得好
- 固定的用餐時間
- 良好習慣

相處

- 獨立
- 有老師
- 友伴
- 生活圈子擴闊了
- 讀書識字
- 情緒穩定

適應了上學生活

他確實知道你是他親密可信任的人

- 親切地叫對方名字
- 願意向你分享心事
- 傾聽
- 鼓勵對方說話

③ 上幼稚園不情不願一段時間後又見他適應下來成為上學的孩子

② 叫爸爸媽媽

第一步

試想想孩子孩提帶給我們快樂的片段：

1. 餵奶掃風後寶寶嗝出飲奶時吸的空氣，我們知道寶寶吃飽了。

2. 叫爸爸媽媽那一刻你的感動。

3. 上幼稚園不情不願一段時間後又見他 / 她適應下來成為上學的孩子。

第二步

這種讓我們感到高興的時刻，作者說等於我們擁有心流的體驗，其中涉及：

1. 專注度

- 體現了完全的投入。

- 感到狂喜或欣快。

- 擁有內在的澄明就是知道怎樣做、我要做什麼。

- 和平及平靜。

- 感到時間停住或頓然消失。

2. 能量度

- 大腦涉及每天百分之二十五的能耗費 。

- 留意我們在什麼地方消耗注意力，能夠掌握自己的能量表現，有助我們設計生活。

- 能量可走向負面方向，如我們見到某人總會發脾氣。

心流是指當專注度與能量度都在高表現的狀態。以此理解，我們用以上三種情態來闡述。仔細想想，似乎三件快樂事都涉及了我們較高的專注及能量，那一刻我們全心全意地關注、處理並感到有所收穫。

第三步

有了這樣的反省，就是試著著手替現在感到惱人的事項以設計思維找出口吧。先以 AEIOU 內省那些讓自己有心流的體驗：

- 活動（A. Activities）

當中你做了什麼？與孩子的活動只是隨興還是在他 / 她成長中有必要的一環？你在應答某個角色（如家長、教導員、陪伴者、照顧者等）嗎？

- 環境（E. Environments）

我們都容易受到外在環境牽動。當你感到心流湧現時，那通常是個什麼地方？周邊的環境有什麼讓你產生感受？如孩子的幼稚園給你一個安全環境而來的放心感覺。

- 互動（I. Interactions）

你與什麼人在交流？人際關係順暢（如家中老人在旁協助教授育嬰經驗）嗎？交集中的對象是正規（如孩子的老師）或非正規（如孩子同學媽媽互訴心得）？

- 物件（O. Objects）

如有的校車的安排你能安心讓孩子上學去？孩子與他 /

她的心靈小伴（如自幼陪他／她入睡的小熊）一起即能應對
與媽媽短暫的分離並享受校園生活？

- 用者（U. Users）

有其他相隨的人嗎？同一時間生孩子的友伴常分享育兒
心得？伴侶的參與減輕了照顧孩子的重任？家務助理維持著
家中基本的秩序？

這樣的審視將讓你更明瞭什麼人與事，讓你感到「幫到
手」，在延展創意上，具有價值與作用。

第四步

現在應用圖四【設計思維地圖】替自己找出心流事項。

步驟 4.1：定下題目

首先，先定下題目。就以「踏入青少年的孩子，越發
難相處」為題，採用例示的三項心流回憶（圖示 (1)(2)(3)
部分），作出思維震動。你只要想到各樣與開心相關的字
詞，讓思維自由轉動，不必給自己一個規範，想到即記下
關鍵想法。

步驟 4.2：最主要的感受和相關的詞語

第一環、二環擴散並收集想法：將主題「相處」置中，
如羅馬帝國建馬路般把快樂字詞四處擴散開來（如圖示放射
線）。第一環以最主要的感受為主，嚴謹記下出現在思維的
想法（綠圈中所示）；在第二環再寫下其中想到相關的詞語，

這裏可以多想想，如四至五個（白框內所示），並不必要與中心點掛勾，只要與一環相連，如此循環。

步驟 4.3：創造點子

最後審視思維地圖，並圈出你感興趣或顯得有意義的字句，串聯在一起，創造點子。

在第二環處圈出字眼如：睡得好－鼓勵對方說話－友伴（圖中著色處）從這些指定的字眼中，你可能有以下這些橋段：

· 我來關心一下孩子的睡眠質素，以此為題讓他／她多說說自己，順藤摸瓜，也關注一下他／她在交往中的朋友。

· 讓孩子告訴我一段有關他／她朋友的故事，為了鼓勵他／她多說話，我也分享一段有關自己朋友的趣事。與他／她交談後我祝他／她晚安，替他／她蓋被子。

· 以友伴的角度，與孩子分享工作上的一則趣事，爸爸媽媽出醜的糗事，與他／她齊笑作一團，也請他／她這樣給自己分享一則；然後自然地準備睡前洗澡、刷牙的日常，提升親密感。

以上示範，運用【設計思維地圖】，因為自由思考，跳出了尋常的框架，顯得有異於平常交往的慣性。但正是非尋常的特質，才提供了可供選擇的餘地、有機會付諸行動的點子。藉由示範中以「與踏入青少年的孩子相處」為題，就可以創造三個想法，讓你選擇其一，對應踏入青少年孩子的交流了。

正如筆者所言，「計設」並不是重新設計、也不是作出結構性地徹底改變一種全新的生活，是從你現在的生活中更好地運用現有各種資源的創造力。

毛太有話說

有步驟㗎！睇吓就會識

毛太苦著臉說：「阿女話中四數學好艱難，呢段時候，睇見佢對住數學功課愁眉苦臉，我晚飯都煮好好耐啦，叫佢出嚟食飯，叫極都唔郁，話要做埋功課先肯食飯。」

「我師奶一名，高中數學已經比返我啲老師啦！幫唔到喎，點算好？」照道理毛太應該慶幸有個「無論如何都要做好功課才進行下一步事項」而有責任心、有計劃的女兒才對，可是這刻毛太看到的是自己「愛莫能助」的無奈。

「個女做事要一步做好，才做下一步，向邊個學嘅？」我想請毛太喚起她與自己女兒相處的片段。

「一步一步來！係佢細細個喺廚房，擔張凳企高睇我教佢煮麵嘅步驟。開火－煮滾啲水－落麵－加菜加隻蛋－煮好盛在大碗中。依家假期，佢都會入廚煮麵畀屋企人食，煮得唔錯㗎！」毛太變得開朗地憶述。她的主張是：孩子起碼要懂得替自己煮個麵，這是生存的基本技能。

我指出善於觀察是解決難題的其中一個技巧，拆解數學問題也同是按部就班，一步一步地進行。

雖然毛太這次不是自己可以作出示範，卻突然靈光一閃地想到讓女兒找個數學好的同學，請對方在她面前答題，相信「從觀察自己煮麵，現在已經煮得一手好麵」的女兒，也可用同一板斧學習拆解數學難題。當然請教老師示範解題，也是一個辦法。

＃從觀察中學習 ＃不恥下問 ＃憶喚與孩子交流樂事從中出創意
＃讓孩子學習克服困難的步驟

青少年的心聲

　　馬可現年 21 歲，憶述自己早年常是一好奇、富有藝術感、天分具足的孩子。他常備繪圖冊並喜愛素描速寫，他獨愛觀看別人的腳想像適合他們的鞋子，他 14 歲時渴望成為鞋類設計師，可常像個武士般的媽媽以「都是為你好」的理由過度保護自己，認為那並不是一個有前景有「錢」途的職業。獨裁父親已為他作打算，要他加入自己完全不感興趣的家族事業，他仍暗地裏設計鞋子並在 18 歲時遇到鼓勵自己的良師，可以跟隨老師學習。縱然父母認為他反叛並感到失望，他仍然選擇去藝術學校，繼續沿著有天分的興趣深造。得到多方鼓勵，他於學習的尾段獲得獎項，不管父母的百般阻撓，他最後被推薦到一法國著名的時尚鞋子公司工作，以個人興趣為方向作始源，並沒有受到家長管教作風和父母個性特質綑綁，令他的事業蓬勃發展。馬可的天賦才華、對各項建議的開放程度及創造力為他帶來成功。

? 家長提問

家長甲：

我孩子今年九歲，老師說他常在課室內發呆。正如發白日夢可以營造創造力。鼓勵他有用嗎？還是應該制止他？

麥姨姨：

這其中有幾個檢查點：到底你孩子是在哪裏都愛呆想，或只是在某些課堂上才這樣子？你可以觀察並詢問他到底呆想時都想些什麼？是如對將來的幻想或假日去處這些有目的和具意義的事？或是他正處在擔心的狀態？是他正引發或繪畫一些發明或編創某些故事？與他交流時他在思考著如意算盤或看他是否想入非非？如果是他產生幻覺（看見天使或小說人物？），則你可請教專業意見。

家長乙：

我孩子有很好的想像力，會告訴我他在夢中捏造的那些有趣、怪誕、可怕的故事。我應該擔心嗎？

麥姨姨：

孩子看電視故事、閱讀漫畫，有時故事情節很可怕。家長可以依據孩子年齡做判斷，監控孩子在看什麼。有些年齡太小的孩子不宜在晚上觀看恐怖電影。他們帶著所看的影像在夢中重現，

給他充足時間讓他全盤傾訴，安慰會有幫助，也建議他改掉夜看恐怖片的習慣。

家長丙：

我女兒十歲，每次我請她幫忙解決問題的時候，她常交出「醒目、即興無厘頭」的答覆，她是真的聰明或只是想不幫忙而躲避責任？

麥姨姨：

這或只是她以聰明方法迴避做家務的責任，不能視作創造力。請鼓勵她履行責任分擔家務而停止她找藉口的慣性做法。

家長丁：

我兒了今年十歲，他常常繪出漂亮的圖畫和具想像力的造型（如星球大戰中的龍，或太空船歷遇怪獸），這代表他擁有天賦嗎？

麥姨姨：

不少孩子的確擁有藝術天分（藝術、音樂、雕塑、話劇或寫作），鼓勵他們並看他們是否感興趣尋求專科老師作出評估，並協助他們發揮潛能。孩子在早期進程中已可展現創造力。

有些患有自閉症譜系的孩子也會不斷重複固戀地繪製相同物件（巴士、火車、飛機、動物）。

結語

　　在生命的歷程中，創造力是天賦才能或良於訓練的技能。創造力的好處是可以更好地應對生活、在學校與工作上的許多問題、在人際關係中如魚得水。發現孩子富有潛能的家長可以協助他們發掘並發展這些技能。孩子通常都充滿好奇心、勇於探索新想法，與其制止，不如給他們機會。父母管教作風與父母個性特質對孩子發揮創造力並非有直接關係，但對於文化、教育背景與孩子創意的關係，我們期待也需要更多的調查研究。再說，與孩子相處中一定有不少讓家長至今仍然回味的快樂片段，那些就已經是現成的資源，只要持著「我也能給自己提供解難方案」的信心，應用設計思維及以上示範的步驟，走到這創意一步，家長會發現將「快樂經歷」運用起來，成為解決新變化的選擇，看似問題很大的困難，也能用上跳出框架的點子對應。與孩子相處是一個時間一直向前的概念：孩提時襁褓及照顧，青少年時保護、培育、溝通，然後放手成就孩子獨立成人。要知道變化原是永恆，正如地心吸力不能改變亦只能接受，迎接不同時期的變化也是自己要有對應及改變的事實。

幸福有效溝通錦囊【改變心態騰出創意空間解難】

家長個性特質及父母行為	開放性個性特質有利孩子創意
	鬆開固有的思維模式
	表達「也會學習」的謙卑

　　聽取孩子不同的想法，就有機會集合各人的創作力，聯手共同解決問題。

變 得 有 創 意	建立具有目標性的空想習慣
	練習腦震盪想法
	置身於開闊中提升思想神馳的創造力
	評估創意評論和開創

擁有心流的體驗，花時間學習和實踐。

創 意 解 難	積極聆聽，理性分析
	有效溝通，有效組織性常規
	周全計劃技能，耐性與堅持力
	設計思維，以現有成為解決方案的靈感

結合設計與解難技巧，利用現成所有，創意解難。

6

第 六 效

更新連結性

量身打造遠離網癮

老想著玩電子遊戲

　　阿尊三歲起就玩電子遊戲，他喜歡遊戲帶來的感覺。一開始，只有樂趣，並沒有大礙。後來，每當在家或在校有事讓他感到緊張時，就會轉向玩電子遊戲，打機成為他的避難所。久而久之，他投入更多時間打機，課堂上老想著遊戲，甚至等不及回家而巴不得立即開動。他對運動失去興趣，對與家人或友人出外也感到興致渺渺。九歲時為了購置更多遊戲，更從母親錢包偷錢，學業成績亦一落千丈。家人都感到不知所措而心如死灰。

簡介

電子遊戲是孩子的好朋友卻是家長的敵人。只要你在家中環顧四周，不難留意到有不少的電子產品：電視、手提電話、手提電腦、平板電腦和電腦。我們要與孩子說什麼呢？常說的是孩子不該在電腦手機上花太多時間，但大人卻可以。在建立規矩上，我們總是嚴人寬己。是不是「只許州官放火，不許百姓點燈」？為了幫助我們的孩子，在使用電子產品方面，也必須貫徹始終地自我控制。盡量少接觸電視、手機或電腦遊戲，這由孩子的嬰孩時期就要執行。

對於孩童及成年人，電子遊戲具娛樂性，也是閒暇令人滿足愉快的消遣。可是，正如阿尊一樣，有小部分人過於沉迷電子遊戲，由此阻礙了日常生活的效能，衍生了重大問題。

對於病態式沉迷電子遊戲的病徵多點理解，並在問題發生時作出適時干預，可讓家庭扭轉亂局，重建秩序。在教導孩子享受電玩之際也腳踏實地於「真實世界」中生活，是至關重要的。

遊戲種類

家長有必要在遊戲的種類上作出分辨。電子遊戲產品分別有屬於教育性質及非教育性質的。

1. 屬教育性質

如專注力訓練、數字遊戲、性教育、藝能發展、美圖製作、動畫及科普資訊。其中不少是被推薦作為多動症孩童發展學習能力的教材。這些電子遊戲教材，具有吸引力而備有其益處，聲色俱全又提供手眼協調訓練。教授孩童以互動及遊戲元素，豐富多彩的畫像，孩童更容易領悟內容。在教育相關的遊戲中，每個單元設有競爭元素（速度、適應力及專注度）並訂立清晰的目標，這種設置有助孩子應對挫敗，他們在爭取晉級中遇上失敗，也可以重新嘗試。

2. 於非教育性質遊戲我們所面對的許多挑戰

The University of Vermont（美國佛蒙特大學）採用磁振造影檢查儀與問卷，共調查了 2000 名 10 至 20 歲玩非教育性質電子遊戲的兒童及青少年，結果顯示涉及解決問題、記憶及專注力的大腦部分，他們會比對照組的兒童及青少年更為活躍；此外，調查也指出，射擊及賽車遊戲中，他們的手眼協調比從未玩過這些遊戲的對照組更好。但是，我們仍然需要小心，每天打電玩超過 21 小時的兒童及青少年中，相比起對照組（每天少

於四小時），他們更多地陷入情緒及神經衰弱問題。

　　3. 為何兒童或青少年喜愛玩電玩？

　　從眾多的調查我們掌握到，他們喜愛玩電玩是因為感到煩悶、好奇、樂趣，同時是一種輕鬆的方法，也是抒發負面情緒或家裏或學校問題的庇護所，並可聯繫友群。

電子遊戲對青少年有益嗎？

　　並非所有電子遊戲都是無益的。電子遊戲對大腦發展有一定的作用，比如增加視像觀感、提升作業轉換的能力，及更佳的資訊處理。

　　透過獎勵機制及從中獲得的成就感，玩家會擁有滿足感和其他正面情緒。遊戲也會讓青少年感到略為平靜及具有操控感。青少年正處於如過山車般高低落差較大的情緒段，面對具有挑戰性場景如欺凌、在家在校的壓力，打電玩便起了緩衝作用。

第六效 大腦如何從遊戲中重新佈線？

　　打從 1990 年開始，科學家已經警告，電子遊戲刺激大腦有關視覺及動感的部分，但其他有關行為、情緒及學習部分則未能得到完好發展。

　　電子遊戲釋放神經傳導物資「多巴胺」，這猶如注射藥物安非他命，於快感中樞泛濫並提供大腦短暫的「快感」。當中樞區潛伏了過多的多巴胺，大腦感應這錯誤訊息並降低製造這種大腦重要的神經傳導物質。最終導致多巴胺遞減自我供給的苦果。當你從電玩上癮的青少年手中取走遊戲時，他們會出現行為問題及戒斷症狀（身體顫抖、抑鬱，甚或敵對情緒）。由於人類大腦的設置渴求現成的滿足感、快節奏及不可預測性，玩電子遊戲滿足了這三樣，也變得令人上癮（追求更多的多巴胺）。

電子遊戲如何影響青少年發展及精神健康？

　　過多的電子遊戲玩樂將導致上癮及沉迷的行為，影響學業、社交生活及整體的精神健康。美國國家生物技術資訊中心發現，過多的電玩會帶來負面精神健康，尤其是青少年在過度的電玩下，會感受到喪失操控力。

　　他們有機會只是始於規律性的電玩習慣，但最終甚至遠離家庭、破壞飲食習慣、睡眠不足、不能正常鍛煉身體、投入興趣，及完成學校功課；這個時候，他們極需要尋求協助。

　　正如我們有時也需要在憂慮中分散注意力，有時候，青少年初時以電玩作為應對機制，但是若然長期依靠電玩應對個人情緒，這將會造成問題。其實，處理情緒與電玩屬兩個課題，必須分開處理。

　　阿湯說：「對我來說，電玩是讓我遠離現實的一個途徑，逃避生活煩擾、憂慮與抑困。」

　　另外，當青少年與其他電玩友伴發生不愉快的衝突，或在身份認同方面接收到不利訊息，這些時候，倚賴電玩並以此作為安全及放鬆空間的年輕人；在這種情況下，電玩無疑對他的精神健康已經產生負面影響。

　　精神健康基金會（Mental Health Foundation, https://eplatform.

hkmhf.org）調查指出，電子遊戲內容對種族、性別及性感的演繹將會左右我們參與電玩的滿足程度。這也解釋了為何對年輕人來說，尋找讓自己感覺良好的電子遊戲及網上交流，是非常重要的。

電子遊戲在健康良好界線內及短暫時間間距中使用，有助精神健康：

1. 是放學後一個放輕鬆或「過冷河」的時段。
2. 從單一枯燥工作中作一小休。
3. 與友伴社交一下。
4. 成為自己達到某個目標的小小獎賞。
5. 學習新技能。

第六效 現代電子遊戲的品種

現代電子遊戲可於個人電腦、智能電話及平板電腦上參與，以不同的數碼娛樂形態顯得更為錯綜複雜而多面向。參與者在視覺影像中，利用鍵盤、控制或動態感應器操控影像，達到一個理想結果。遊戲根據以下範圍作出區分：

1. 類型（射擊、角色扮演、策略計謀）。

2. 目標（可以是建設、破壞、捕獲及競賽）。

此外，現代遊戲提供：

1. 獲勝及失敗的無限經驗。

2. 設計方面傾向更具隨意性及角色扮演。

3. 以劇集式內容留住參與者，以此提升娛樂價值，促使他們逗留更長時間及更常參訪。

就如其他人看重物質或現實生活的人際關係，有些人傾向重視數碼遊戲及虛擬成就。臨床心理研究發現，成癮玩家對電玩的依戀表現於不合時宜的認知理解、過度依賴遊戲以證明個人價值及身份、和高估遊戲獎賞上（King & Delfabbro, 2016）。

在電子遊戲（小額交易）中將虛擬貨物貨幣化這科技性創新，使玩家確信所購買的物品價值比從遊戲中獲得的為高，有些屬於這種植入遊戲的購物是具掠奪性的（King & Delfabbro, 2016），這類貨幣購物計劃有剝削玩家之嫌，尤其對於年輕、

自制力較弱的玩家，他們往往因估價並在意貨幣計劃的金錢利益而成癮。

第六效 模擬賭博遊戲的危險性

　　日趨昌明的數位技術性能使遊戲、賭博及相關行業不斷改變。心理研究表明數位賭博與以賭博為主題的遊戲將有極大可能相交而趨向一致（即在社交媒體遊戲中植入賭博成分，將遊戲「賭博化」，等於遊戲者可獲取有金錢價值的物品），在此為遊戲和賭博作簡要定義：

　　1. 遊戲被定義為互動性、技能性、疊進及具備成就。

　　2. 賭博被定義為下注及打賭，賠率決定結果，牽涉風險並對賭博者作金錢賠償。

　　這些模擬賭博遊戲仿效賭博的很多主要特徵，被冠上各種如賭博也如遊戲的標籤或名字、免費賭博練習的遊戲、社交賭博遊戲，除了沒有下注、真錢欠奉的贏輸外，其視覺、聽覺及行為上完全相仿。行業內數據顯示，幾乎四成三的賭博遊戲可於智能手機或平板電腦上進行，四成一可在桌面電腦及手提電腦上遊玩。青少年易受誘惑，參加此類電玩，以作為真錢賭博的練習，或與賭博動機相同並以競爭為由迎接挑戰（Carran & Griffiths, 2015）。

　　研究發現，男性比女性更會嘗試這種模擬賭博遊戲（Derevensky et al., 2013）。模擬賭博與真實賭博的界線日漸模糊，商業賭博操持者與模擬賭博公司透過合併或購買相互合伙，

這類舉動實在牽動了大家關注兒童、青少年與成人的未來。

譬如一部獨立運作、以西部動作冒險為題材而帶有暴力成分的電子遊戲《碧血狂殺》（Red Dead Redemption），涉及與其他玩家賭博，也包括真正模擬玩耍、決策及標準撲克遊戲的結果，目的是賺取可於其他遊戲中使用的貨幣，並引入競爭元素讓玩家可在領袖榜上攀升排名。

另一「拉斯維加角子老虎機」是在社交媒體上如賭場格調的社交電子遊戲。「玩賭場遊戲贏取真正獎賞」，是一模擬賭博遊戲，互動如電子遊戲般，設置了可購買的虛擬貨幣，並設有賠率。玩家可贏得忠誠度得分以換取酒店住宿，或可兌換成賭場籌碼的優惠券。玩家可以金錢購買虛擬貨幣卻不能直接兌換，此遊戲涉及下賭注及賠率，即使在社交平台上，也可接收到賭場廣告及通知。

第六效 電子遊戲的什麼讓人上癮？

1. 研究報道，某些遊戲特點對有些玩家顯得更有問題，這些特點（結構性特質，譬如非常逼真的圖案設計、遊戲中途發放獎賞的設定）會強化遊玩行為（Griffiths & Nuyens, 2017; King et al., 2010; Kiraly et al., 2018）。不過，這些研究略有不足，因其沒分辨出遊戲特點屬於：

① 單只是讓人感到遊戲本身吸引力或是讓人不由自主延加遊戲時間，也沒有深研。

② 造成遊戲上癮病徵及引起傷害性結果的遊戲特性。

有些遊戲元素（下載時間、緩和時節及設定的間隔排定）增長了遊戲時數，但並非對電玩上癮有影響。

對於玩家與遊戲的關係、遊戲種類與個性特徵或脆弱點的交集，這些研究都缺乏聚焦探討而顯得局限。

2. 個人不同

① 性別：在研究人口特徵上男女以 2：1 比例，顯示男性在電玩網絡遊戲成癮上具更大風險（Andreassen et al., 2016），男性會比女性花更長時間在電玩上（Durkee et al., 2012）。

② 年齡是記錄內的風險因素，倒 U 型的關係顯示，電玩成癮年齡高峰在青少年時期，並在往 20 歲下降（Kuss & Griffiths,

2012）。此時段的青少年仍住在家中，他們的特徵是在房間打機、發展身份認同的需要、社交歸屬感及各階段人生過渡轉變（如新學校、獨立、責任感），同時，在神經生物學來說，青少年大腦前額葉皮質似處於發揮階段。

③ 性格特質也是成癮行為一個影響因素，研究顯示衝動（Billieux, Thorens et al., 2015）、個性內向（Cole & Hooley, 2023）、神經質（Peters & Malesky, 2008）、較低的盡責性、低自尊（Ko, Yen, Chen, Chen, & Yen, 2005）、攻擊性（Gervasi et al., 2017）、憂鬱（Bonnaire & Baptista, 2019）及特質焦慮症狀（Mehroof & Griffiths, 2010）的人比較容易成癮。

④ 神經生物因素：神經生物學角度研究已證實，成癮的玩家在控制神經認知任務如執行功能、專注力、資訊處理及決策力（Decker & Gay, 2011; Ko et al., 2009）有所不同，弱於為延遲眼前滿足感而獲取更大日後獎賞（Pawlikowski & Brand, 2011）。隨著時間，這些弱點會因久經的電玩習慣而惡化。

摘要：個人特質的分別（年齡、性別、合併的精神失調、性格）與電玩遊戲類型導致電玩成癮問題。

如何辨識電玩成癮

我們可以留意以下有關電玩成癮的特徵：

① 全神貫注：在生活中電話玩成為主要活動。

② 耐受性：需要延長更多的時間打電玩。

③ 戒斷症狀：當青少年停止電玩時，他感到易受刺激、焦慮、情緒低落，也會經歷生理戒斷症狀如震顫、盜汗及失眠。

④ 堅持力：即使多次嘗試節制電玩，仍然無法成功。

⑤ 逃避：以電玩成為避開現實的應對機制。

⑥ 成績一落千丈：因過度沉迷電玩而荒廢學業。

⑦ 欺騙及說謊：對於花多少時間在電玩上傾向說假，為了買新遊戲更嘗試偷取金錢。

⑧ 移位：對原有興趣失去興致。

⑨ 在家衝突：沉迷電玩而與家人或朋友發生嚴重衝突。

「遊戲障礙」（Gaming disorders）

世界衛生組織於 2018 年 6 月底正式確認將「有害遊戲」（Hazardous gaming）及「遊戲障礙」（Gaming disorders）納入「國際疾病和相關健康問題國際統計分類的第十一次修訂」（ICD-11）中，成為可被診斷的疾病，確定過度電玩產生的不

良影響及對於某些脆弱個體會造成害處。這個舉動是緊隨美國
精神醫學會（American Psychiatric Association, APA）於 2013 年
將網絡遊戲成癮（Internet Gaming Disorder, IGD）列為精神疾
病，於《精神疾病診斷與統計手冊》（第五版）持續研究。

「為何你可以，我不可以？」

　　家長在處理電子產品使用，態度自相矛盾，令孩子摸不著頭腦。最近一調查顯示（見明報新聞網，2024 年 1 月 15 日），香港小學生在電子產品的使用時間與家長的成正比。家長在電視、手機、平板電腦等電子產品上花一小時，其孩子的使用時間便會倍增，長達兩小時。

　　八成家長表示有意監控孩子的行為，同意沉迷打機的害處。話雖是如此，有七百多位小學生家長或監護人的調查結果發現，本港小學生在學習以外，平日於電子產品逗留四小時，假日為六小時，較家長多出一至兩小時。高小學生更甚，假期用上三分一時間做相同行為。這都遠遠超過衛生署一日不多於兩小時的建議。正如世界衛生組織指出（見世界衛生組織網站，https://www.who.int/zh），遊戲成癮所導致的行為失調，具體表現為：

　　1.　對於遊戲缺乏自制力，體現在頻率、強度、持續時間等方面。

　　2.　以遊戲的優先級別高於其他生活興趣和睡眠、吃飯、學習、工作等常規活動之上。

　　3.　儘管因遊戲成癮經歷了不好的事，但仍不在乎，甚至更加成癮，嚴重程度足以對家人、家庭、社會造成損害。

以上行為可以是連續或偶發甚至是經常性，但持續 12 個月以上，則有遊戲成癮的風險。

若然家長深明過度在電子產品上花時間，有礙孩子的均衡發展，調查結果的啟示仍然是家長要「以身作則」這個硬道理；否則單只是以強硬如「沒收」等方式處理，難免發生親子衝突，影響家庭和諧。

家長是時候問問自己：要仍然打機還是放棄不玩？要改變打機習慣還是隨它去？

孩子是自己的寶貝，極受到自己行為影響，總不可以撤下他們不管，漠視孩子走向沉迷打機之險，否則怎樣以身作則？

第六效 父母可以如何幫助？

「Young minds」調查找出青少年對於父母的期望，包括希望得到及不希望得到的，如下：

1. 青少年希望父母可以：

- 與其要固化地認為玩電子遊戲就是不好，不妨找出他們在電玩中獲得的經驗。

- 聆聽及對他們的說話表達興趣。

- 認同電玩是他們與朋友的社交活動。

- 想想又如何透過電玩與他們交流。

- 不光只認為那是一個問題，倒試試不妨找出他們為何如此喜歡玩網上遊戲的原因。

- 與他們商談並折衷妥協。

2. 青少年不欲父母：

- 不肯認同玩遊戲於某一方面對他們帶來幫助，而不是認定那就是無益。

- 特意淡化遊戲的趣味性與其對孩子的重要性。

- 只一味認定花在遊戲的時間應該是讀書時間，而不考慮孩子的興趣。

- 禁止他們玩遊戲並斷絕他們與朋友接觸。

3. 麥姨姨的建議：

① 與孩子交談

大部分父母的成長環境裏不一定有網上遊戲，以支持態度交談並由孩子身上找出家長不明白的地方是重要的，這也是提供孩子與你交談的機會。

請勿將談話變成一個嚴肅的事情，對於年紀較小的孩子，可以一邊玩球一邊談天；對於青少年，可以一起散步、晚上外出或玩桌遊時聊天。

② 進行對話的建議

* 你今天遇到精彩的事是什麼？
* 今天你有什麼不順利的事情嗎？
* 今天做了什麼事？其中讓你感到高興的是什麼？
* 你今天感到如何？
* 你會想與我談一談嗎？
* 我可以怎樣支持你呀？
* 你有什麼打算？你覺得怎樣或有什麼我幫得上忙的？

③ 根據孩子年齡配對合適的遊戲

泛歐遊戲資訊組織（PEGI）協助父母抉擇如何購買適齡的電子遊戲。適當其時，在不同年紀的孩子各有合玩的遊戲。父母可根據種族、性別、性向替孩子配置具有意義並代表他們的遊戲，孩子也會由此建立正面的身份認同感。

④ 告知過度電玩的危險性

電玩家常在遊戲間購買額外遊戲貨幣或武器，包括鼓勵青

少年為保持與其他玩家一起遊戲的花費如「戰利品箱」或「虛擬抽獎」，這可能導致「過多」的金錢花費，甚至是債台高築。網上債務與現實債務性質類同，需要與孩子訂立花費限制，並確保他們明白如何清還債款。這是孩子玩電子遊戲其中協議好的部分規範。父母讓孩子預先理解這個風險是很重要的。

⑤ 協助孩子理解如何保持網上安全

孩子與其他人在網上共同遊戲，透過電玩認識新朋友，建立社群。父母知會孩子網上風險是有必要的，如網絡霸凌、被教唆接受色情活動、或觀看不適宜內容等。孩子必須懂得如何保持網絡安全，並掌握如何應對不合理事情，或立即知會父母。

⑥ 當孩子失控時尋求專業協助

- 情緒支援服務
- 輔導員及臨床心理學家
- 與校方溝通
- 與醫生聯繫

毛太有話說

牽引實體活動，協助孩子遠離網癮

毛太說：「阿仔近來憂心忡忡，話半年前喺學校覺得唔舒服，醫院竟然一查就話甲狀腺出問題，佢話到依家都難以置信。」

毛太續表示：「阿仔既唔打波亦唔關心學校其他動態，每天放學後日日打機，由 6 點打到 11 點。假日幾乎打足全日，連佢自己都以『太誇張』來形容『不知時日過』嘅打機情態。」

長時間全神貫注以打機為主要活動，身體已經發出警告，阿

仔已經約莫察覺自己過度打機，只是不知如何調整行為，實在無法改變現況，所以他極需要幫助。

毛太知道阿仔在學校只有一位一齊打機的同學，基本上對在校交友不置可否，卻希望網友打機時能多作交談。

母子關係良好，兒子對自己身體狀態表示憂心，又想與人連結，絕對有條件遠離網癮。

母親可以多安排與阿仔的戶外活動，譬如一起去市場買菜，晚飯後散步，也可多授權阿仔做他做得來的家務。如週末教他一道菜餚的烹煮方法，讓他平日為媽媽再煮一次，誇獎他的嘗試與貢獻，令阿仔因為「媽媽喜歡，自己也會再鑽研做得更好」。

多與同齡人建立關係，是阿仔下一步可以踏出去做的事情。現成的學校活動，父母可以鼓勵他挑選一個略感興趣的去參加。並以此為題，一起討論活動內容，從中延伸出其他趣味來。

當兒子感到父母的關心與支持，或在團隊中碰到可以談話的同學，建立現實生活中的友伴關係。拉開孩子「只往網上行」的慣性，以實體活動取替打機時間，協助兒子走出惡習。

父母的支持很重要 # 要一起做一些事 # 與學校溝通 # 多嘗試多鼓勵

圖片來源：CANVAS

第六效　主動掌控時間，成為時間主人

　　一天只有 24 小時，把時間應用得宜，主動規劃每天如何有效地利用時間，展示出有效率也有追求的生活態度，讓孩子看到父母這種價值取態及行為，他們也會有樣學樣。

　　與其在一天的完結時，才驚覺自己花在電網的時間是如此不自覺地「多」，留下「有些重要的事情仍未處理」的憂心，不如預早採取主動，把時間將「讓人感到不夠花並因此產生憂慮」的限制，變成可以善用的良好資源。

　　更莫說現今科網時代，訊息四方八面湧進，演算法正緊緊地跟蹤我們在網上的行徑，只要你在某個網頁多作停留或購買了什麼，就不斷有類似你所關注的推薦影片與廣告自動彈出，吸引我們的注意力，力求我們多作停留，越久越好。這難免讓我們分心，受到各種科技工具干擾，日夜不停地接受各種訊息，大腦也難以冷靜下來，專注力驟降。

　　最為人熟悉的時間管理法則，就是按照輕重緩急處理事情：

1. 重要又緊急。
2. 重要不緊急。
3. 緊急不重要。
4. 不緊急不重要。

蕃茄鐘

　　你或者已有經驗，我們正是最常在第三種「緊急不重要」上花時間，卻耽擱「重要不緊急」這個類別，以致陷入「時間流失卻一事無成」的焦慮。

　　「打番鋪機」在你的日常中到底應該放在什麼分類？無論你因心情或社交需要，把打機作為任何類別都好，Francesco Cirillo（2006）在其著作《間竭效率的蕃茄工作法》提出了把時間分段切割的善用方法，或者有助大家建立良好的電玩習慣。

　　之所以叫蕃茄工作法，是當作者仍是大學生時，常覺得自己被其他事情分了心，無法專心一致完成習作。他在廚房取出一蕃茄型計時器，反覆嘗試後，心得是：25 分鐘為一間距，25 分鐘的專心一志，加 5 分鐘的放鬆時段；四次的專注後，放 15 至 30 分鐘休息。將時間這樣切割後，你大可把自由時間以 25 ＋ 5 為一個蕃茄鐘的方法，作出安排，循環來達成目標。

　　在一個蕃茄鐘內，你要放進什麼的工作，必須衡量手上工作的需時。有些工作一個蕃茄鐘就足夠完成，譬如把今天的要聞標題看過一次，並詳細閱讀重要大事，或者，對於下班後仍會督促子女功課的父母來說，你大可先溝通，說好你會交給他們多少個蕃茄鐘，並希望他們把需要請教的功課都集中在那個蕃茄鐘一起處理；一旦當天問題較多，也可以多讓出一個蕃茄鐘。不過，若因效率奇高而不必運用預留的蕃茄鐘，大家就可以享有「打機作樂放輕鬆」的時段。共同進退下，孩子不至於落進「為何你可以，我不可以」的委屈境地。

　　特別留意的是，在這個蕃茄鐘內，會引致分心的事情都要

設法提防，譬如在這 25 分鐘內把手機調至靜音，於 5 分鐘的輕鬆時段才稍作提取訊息，或規定自己四個蕃茄鐘後才閱讀及處理訊息。因為那既是一個自由時段，說到底理應不太有屬第一類「重要又緊急」的事情必須立即處理。

另外的重點是，即使打機也以蕃茄鐘法則來計算，每日少於兩小時的世衛建議，即等於兩至四個蕃茄鐘，家長與孩子商量，平日上學上班大家都必須遵守擬定的「打機蕃茄鐘」數目。如已都同意是兩個的話，孩子可以自由計劃何時運用，且必須每日記錄下來每個蕃茄鐘間隔的用途。有了一個對自己時間如何運用，及「打機蕃茄鐘」的規定，孩子認知上已替自己計劃，縱然起初的行為或有差距，因為有記錄的習慣，也有「自己其實已知道做得如何」的覺知。

比對「你唔好成日打機啦！」的指令，家長以「你本來計劃用幾個蕃茄鐘？現在實際用了幾個？」這樣更能引導孩子掌握自己的行為，了解自己的現狀。經歷過認真動過腦筋替自己打算（畢竟他們的成長就是要學習獨立自主的技能）如何運用或使用蕃茄鐘的孩子，會在計劃的過程中應用上時間管理輕重緩急第一原則，同時也盤點自己的責任項點。當孩子為意自己該做的清單，會產生更大的動力去完成。

> 成為時間主人，協調工作和生活……
> 我知道還是應該努力活下去為好，這樣，直到你死時，你已經為你的工作盡了最大努力，你能做的一切並使你在有生之年也一直生活得愉快，當然要使工作和生活二者協調得很好也是很困難的。
> ——海明威

第六效 培養孩子評估時間用法的習慣

　　有了「25 ＋ 5 ／ 專注工作＋放鬆一下」時間管理的共同語言，家長可進一步加深孩子對時間運用投入與產出的明瞭度。

　　涉及的步驟如下：

　　1. 事項的盤點表

　　學習中的孩子，每天有固定的責任清單，其中包括各科目功課、要履行的家務、花在興趣培養及技能提升的練習等，都請孩子列出各項清單所需用上的蕃茄鐘。若然打機也是孩子的社交活動，不妨共同履行健康的打機蕃茄鐘，給他一個彈性的節數，讓孩子自主調節。家長記得在回顧記錄時，跟進此點，理解孩子在這方面的得益，從中審視孩子在計劃－實踐－收穫的平衡及協調性，一起作出調整。

　　2. 計劃「今天事今天畢」

　　可以在一日之始，讓孩子自行計劃當天蕃茄鐘的用法，請孩子送給你備份。在每晚休息前，針對孩子對事情輕重緩急衡量的標準，作出交流，藉交換想法理解、調校及接納孩子的各種看法；也同時鼓勵孩子「今天事今天畢」的做事態度。長期維持與孩子時間運用的溝通，讓孩子知道你很在意自己成為時間主人這個重點，而不是在細節上過多干預。

3. 記錄自己時間運用的行為

有了計劃，在每個蕃茄鐘完結時填上自己任務完成的狀態。一旦進入蕃茄鐘，務必堅守專注的原則，持續 25 分鐘不間斷的集中後，也給自己 5 分鐘鬆弛。若然在某個蕃茄鐘，因為各種內外在的分心完成不來，請不要將此計算在當天的蕃茄鐘數，並直接開始下一個。

4. 整理一天的記錄

到底當天能取得多少用得好的蕃茄鐘數？計劃的蕃茄鐘有否依次完成？以這樣的想法審視及整理。當你直接把完成的事項刪掉，你會因此獲得滿足感，感到自己成為時間的主人，取得生活的主動權。在電玩自控方面，設計特別的符號，代表被網上遊戲拉住走不掉的狀態，對於未能完成的蕃茄鐘，注意原因，將有助審視自己行為。

5. 與自己對話並作出改變

與自己預算蕃茄鐘數還要多才能完成當天任務的時候，可以想想是否自己低估了工作項點的複雜性？或是記錄表上出現那個「打機走不掉」的符號？要是後者，你必須下決心在第二天安排計劃時，將自己「打機蕃茄鐘」讓出來，換上今天「未能完成」的事項。你不妨告訴自己，週末的假期，可給自己補償，預下「打機蕃茄鐘」。正因為想真正兌現那個心中期待的週末「打機蕃茄鐘」，利用蕃茄鐘方法一氣呵成完成當天眼前事項。換句話說，現在的蕃茄鐘正等你「聰明」地開採利用出來，才能確保日後「打機蕃茄鐘」順利地被應用上。

　　一般來說，就是因為有「不知停下來」的打機行為，才導致時間白白流走而最終落得一事未成的憂心忡忡，打機因此妨礙了其他角色發揮。雖然說蕃茄工作法適用於工作、學習及具有目標地欲以高效完成的事，但變通一下，若然在打機同時與機友社交一下已經是你日常的活動，期間也會有擔心自控力不足以致產生「有些事情被忽略了」的那種狀況，何不也以蕃茄鐘來規範打機行為，說不定在「看過度過」後才幫自己定下的打機蕃茄鐘，因為兼顧了其他責任，現能更安心地享受及投入遊戲時段，不至於顧此失彼地產生一事無成的焦慮。再說，就是以蕃茄鐘的時間間隔規限，即時減低了「不知停下來」的沉迷危險。

　　若果你的孩子懂得評估自己時間的用法，無形中會在意自己行為引致的成果；同時形成工作邊界設定的習慣，把時間結構化，主動計劃、開採及利用時間。在學習上固然以蕃茄鐘高效處理責任事情，從而擁有成就感。既然該做的已做，預留的打機蕃茄鐘也可在心無旁騖下輕鬆享受，由此保持平衡的身心健康。

量身打造的訣竅

當然，以上或以下緊隨的部分都是時間管理的一套系統。系統都有一個中心主旨，如何判斷和選擇，找出一個完全符合自己孩子應用的方法，還是需要過程中抱持共同的決心、嘗試、實踐後，再不斷優化，並有所堅持。

有些家長看不慣現代孩子在桌案上的舉動，他們的電腦屏幕上同時開著幾個應用程式，有文檔、照片處理、即時通話的社交 App，還有社交平台。搞不好，這邊正處理一個習作，同時與不同地點或時區的幾個朋友開著視頻聊天。家長看不慣，是因為他們不認為這種狀態能夠專心。

 毛太有話說

做時間的主人

毛太說：「個仔話佢都想讀好書嘅，不單只係我嘅諗。只係我見佢將啲時間用來打機，勸過講過也鬧過，似乎冇用。」

兩母子都有想讀好書的共同意願，那已是成功的開始。

「我觀察到同阿仔打機啲朋友，都係同一班。其中有兩、三個成績唔錯。點解人打機，佢打機，我個仔就係⋯⋯」

我立即截斷毛太要往下說的話，反過來問她：「你有把這個

問題，問過個仔嗎？」

毛太：「有呀，有呀！個仔話佢係英文水皮啲，其他科目都還可以。同佢打機嘅兩位朋友，英文科喺班上係頭一、二名。」

我提醒毛太，讓她確認一下，兒子也有其優秀之處：打機時魅力四射，談笑風生，在朋友圈內屬小頭目一名；交際力強而得到友人的愛戴。「想起來，阿仔也想在朋友群中得到更多認同吧，既然你與他屬同一陣線，有什麼可以做的呢？」

除了請朋友互相幫忙這個橋段外，毛太也與孩子約法三章：一節的打機時間換取一節的學習（尤其是英文）時間，「打機蕃茄鐘」內的精髓在此時被運用上來了。

當家長已經與孩子詳談過後並了解他們的意向，蕃茄工作法及如何分派並管理多樣性任務的錦囊，在此時就用得著了。

\# 陪伴孩子建立好習慣 \# 也打機也主動掌握時間 \# 均衡發展做好眼前的任務 \# 輕鬆時輕鬆工作時工作

同時管理多樣性的任務（Multi-tasking）是現代人要展現的本領。在打機也被納入「自己想辦的事情」的風氣下，如果充分把握到在多樣事項中何為要被優先處理的這種技巧，或許，打機就可以被視為正常的消遣，而不是有害的活動。正如中學文憑考試優異生（見明報新聞網，2023 年 7 月 19 日）被關心到他們會／喜歡打機嗎？他們也都直認不諱，關鍵在於如何在每天的行程中以何種處置態度把打機時間管理出來。

個案分享

就以讀中學的孩子為例，他 / 她在同一天內可能要處理：

1. 今天課堂上老師指派的功課。

2. 媽媽交代放學後幫忙買雞蛋。

3. 好朋友相約打機。

4. 答應老師兩個月後佈置課室壁報。

5. 準備一個月後期考。

麥姨姨：

• 這五件事情都有其輕重緩急的不同。

• 沒難度而可以輕鬆處理掉的可能是第二及第三項。

• 第一項是最需要「今天事今天畢」的。

• 第四及第五項雖稍後處理而仍可接受，但也極有可能因為過度打機已受疏忽，最終急就章地草草完事。因此必須在時間管理上作出預早的安排，適時處理。

第六效　學懂真正放鬆的新習慣

　　工作／學習－放鬆－工作／學習－休息，似乎在 24 小時的一天內，不單工作／學習是主要活動，正如蕃茄鐘設置了 5 分鐘／15 至 30 分鐘的放鬆時段，學懂放鬆也有必要。

　　渡過上班／上學天後，湧進來的事情加上與各人對應的各種情態，都極有可能造成身心緊繃。換個場景「過冷河」或回到家裏「鬆一鬆」來搓揉緊繃的大腦與情緒，是有必要的。有人喜歡聽一陣音樂，有人會弄杯茶煮碗麵，有人開機與遊戲互動一下，各適其適。只要是音樂不是不停聽，碗麵不是一直吃不完，遊戲不是一直打不停，在一個有察覺的鐘數盡情放鬆，創造美好的經歷，不失為釋放壓力的好法子。我們會以「心情抽屜」作為稱呼，在這專屬自己的「心情抽屜」放置各種讓自己鍾情且能放鬆的活動，常常在一天當中預留時間，完全讓身心浸淫其中，自己完全可以打造「工作時工作，遊戲時遊戲」的平衡技能。

❓ 家長提問

家長甲：

　　如果孩子告訴我，他／她正因學業感到舉步維艱，同時又沒有朋友，我該怎麼辦？

麥姨姨：

- 你必須允許他／她的感受。

- 多謝他／她願意與你分享其困難。

- 你愛他／她，並會無條件支持。

- 事情可能只是短暫的一個片段，並給予安慰。

- 一起商量你可以支援的地方或向老師求助。

- 遊戲為他／她常來何種對應方法，是否可規限遊戲時間。

家長乙：

若孩子並不想與我交談，我該怎麼辦？

麥姨姨：

- 告訴他／她你常在身邊隨時聆聽他們並在有需要時給予協助。

- 若他／她想與他人（如表兄妹或輔導員）你感到無問題。

- 若然以文字或訊息會較易表達的話，他們完成後可以這樣做。

- 當認為自己正來勁時，可以找你交談。

- 你永遠愛他／她。

家長丙：

我如何訂立規範並支持孩子以良好習慣打電玩？

麥姨姨：

若孩子過度打機（每天多於六小時），並難以履行每天其他

重要的任務，你必須幫助他們訂立良好規範。例如：訂立建設性的規矩，有助培養睡眠、飲食及運動習慣。

- 如何結束一場遊戲。
- 學校功課及與友外出的規範。
- 一起討論孩子的心理健康。
- 發掘其他他們會感興趣的非網上活動（如籃球、足球等）。
- 避免爭拗。
- 看是否有可以與你共玩的遊戲。

結語

在這數碼時代中，隨著電腦遊戲推陳出新，上網玩遊戲已成為生活一部分，有些人比較脆弱（個性、生心理出現的合併症），會陷入因遊戲成癮而帶來的負面後果（社交、財政、家庭和學業等）。對青少年一可預計到的危險是，當越來越多模擬賭博遊戲被植入電子遊戲時，他們未來更易沉溺遊戲而為成癮患者及賭博成癮者。作為父母擔心子女乃人之常情，可正因為如此，家長更需要有建設性，理解與包容並以創建性做法協助孩子有規條地參與網上遊戲，予以支援，並知會遊戲帶有成癮性質的危險性，成癮後影響身心健康、學習表現、人際關係及造成負債纍纍等後果。運用時間管理概念，協助孩子主動掌握時間，建立「今天事今天畢」的習慣；參與電遊活動已成為現代的風潮，家長預早培養孩子在時間投入與產出的明瞭度，

以行事曆為工具，量身打造自家孩子適應不同生活時段及成長階段的有效處事方法。畢竟，張弛有度、收放自如才能體現遊戲的樂趣，確保均衡發展。

幸福有效溝通錦囊【更新連結遠離網癮】

同行同在	與孩子交談
	根據孩子年齡配對合適的遊戲
	告知過度電玩的危險性
	當孩子失控時尋求專業協助

理解孩子想法，保持溝通，一路解說及扶持。

成為時間的主人	輕重緩急時間管理法則
	蕃茄工作法
	打機蕃茄鐘

主動規劃每天如何有效地利用時間，展示出有效率也有追求的生活態度。

培養孩子時間投入與產出的明瞭度	「今天事今天畢」
	分派並管理多樣性任務
	學懂真正放鬆的新習慣

打造「工作時工作，遊戲時遊戲」的平衡技能。

7

第 七 效

持續打氣
成就追夢者

「動力（動機、積極性、幹勁）是準備就緒或殷切改變現況的形態，會隨時間或情景不同起伏不定，這是一個可以被影響的狀態。」（Miller & Rollick, 2013）

第七效 什麼是動力？

　　動力被構想為包括具備目的性的方向導向及啟動力的覺醒這兩個組成部分（Duffy, 1957; Hebb, 1955），是一個人行動的動力，並包含了一些驅動一個人向目標（認知或非認知或兩者皆是）進發或避開目標的特性（信仰、看法、價值觀、興趣）。動力是指我們如何完成某些事情。

　　動力會受到不少因素左右，這包括生物體內在的生理狀態、當時身處的環境，生物體的歷史和經歷。

　　除了新穎出奇的緣由外，為了啟動動力，有關會引發動力各種因素的資訊都必須用上多種形式處理，然後被評估與編碼。這評估與編碼會受到學習及檢索程序影響。以上是對於動機是由多樣性資訊的處理及整合而衍生的簡明概述。

第七效 益處及代價

益處：從行動中得到的益處包括滿足生理及心理需要、在這基礎上得到強化後，再延伸到其他更上層的其他需要、避過危害或迴避某些代價。

在具備學習動力下，目標在望的成數較大，學員享受課堂也較少缺課，並能置身於或個人或團隊間和諧工作。

相反地，欠缺動力，學生也減少投入並不能堅持，需要較多的支持及監管，缺堂情況增多，個人內在和家庭成員間會產生紛擾及失去和諧。

有些學生即使具備能力卻不能學習或完成不了習作、退出班中活動及不欲求助，那是因為缺乏動力。

代價：行動所涉及的代價有體能、心智投入、時間、失去做其他事情的成本機會、不能舒舒服服及冒險（疼痛的風險和面對死亡的可能）。

就此，有成效有成果的學習依據於：

① 渴求：目標越是與個人及情緒需要有關聯，動力越高。

② 理解力：越是需要學習經驗上的意義性，越能理解新技能，並也同時相輔相成地增添學習的意義。

③ 行動：有效學習等於有機會實踐新習得的技能。

④ 回饋：具建設性及正面的回饋有助保持動力。

動力的種類

內在動力是透過自發性的滿足感、愉悅、樂趣、興趣和挑戰的意識激發並使活動得以持續（Deci et al., 1999）。由獎賞或行為學的強化支配的是外在動力。

教育者都認為在學習方面，內在比外在動力會引來較為理想的成果。B. F. Skinner 引進不同的增強物：

1. 正增強物藉由獎勵，其結果是增加適宜行為發生的可能性。

2. 負增強物藉由移除外在負面刺激以增加適宜行為。

3. 懲處是指以讓人感到不愉快的後果來減低某個行為發生的可能性。

以此藍圖為據，老師以高分或讚賞強化合宜的行為；則對不合時宜的行為以減分或取消特權作為懲處。外在獎賞的局限是時間一久，學生對獎賞變得習以為常，其效果也隨即衰退；而且，獎賞與懲處的有效性並不相等，更莫說學生或會以作弊行徑騙取獎賞（Stipek, 1996）。

為何兩個學生測驗同樣不及格卻有不同反應？

甲學生雖則成績不及格卻有十足的熱忱作出改善，並決意在下次做得更好；乙學生因成績不及格而變得羞愧並越來越抑

鬱，他被失敗打倒並窒礙了他為下次考試作準備的舉動。（他會認為自己之後也是會有同樣的挫敗，又何必下功夫呢？）

兩個主要的動力面向涉及學生以自我價值感及個人特性的運行，對自己行為或世界作出自我認為的合理解說。當學生面對失敗，他／她大可在心中內在訴諸於自己溫習得不夠或能力不足而「不夠醒目」，或外在地訴諸於老師教得不好或考試問題出得太深，反正也沒有人能答到。

> ＊歸因理論（Attribution theory），社會心理學理論。歸因是指觀察者從他人的行為推論出行為原因、因果關係。歸因理論是研究人們如何作出歸因，以及為何在某情況作出某種歸因，在另一情況作出另種歸因的理論。歸因理論的假設是建立在個人隨時向重建認知平衡的欲望之上。（見網頁資料）

歸因過程有三個重要面向：

	面向	測驗成功	測驗失敗
控制的重心 （對自我控制的信念或外在控制與運氣）	內在	我很努力	我沒有溫習
	外在	我很幸運	行衰運
穩定性 （做好短期成果或對未來的預計性） （落力度）	穩定	我很懂得應付測驗	我感到壓力
	不穩定	我溫習了對的課題	那測驗太難了
控制／落力度 （相信自己可以改變事情）	有控制力	我計劃並溫習	我溫習得太多了
	無控制力	神愛我	為何事情總是走向錯的一面？

第七效 普遍的歸因風格

① 習得性無助：是指在特定情況下欠缺努力。透過屢次重複失敗後，學習者逐漸相信自己沒有可能在某種工作上取得成功，因此作出放棄並不再下功夫，有可能觸發他／她不能再作出改進的負面螺旋式下跌的情況。

② 懼怕失敗：傾向在自我價值感低落（低自尊）的人身上。他們視不能受自己控制的外在原因為失敗理由，並確認對於改善結果自己沒有什麼可做得到，始終會功虧一簣；也不屑作出太多努力。

③ 自責或責他：找藉口怪責自己或別人。

動力障礙及治療方案

有很多引致學生消極而不做好自己工作的問題，這些問題可來自於：

① 習性反應：是一過度學習行為，習性反應會在特定的壓力或考驗性高的情況不由自主地發生（我們一般稱為迴避）。

② 注意力的需求：這類學生常尋求安慰及允許，即使是工作中各細微步驟，也會以「這是對的嗎？」來詢問老師。

③ 操控感的需要：這種學生尋求勢力及權力的操控感，於每個訓斥下，他們抗爭，也同時間準備回擊。

④ 需要作出報復：為了緩解自己的怒忿或嫉妒，他們對別人施以痛苦（如損破他人的功課）。

⑤ 認為工作不相關聯：青少年會以為某些科目沒有關聯並質疑家長強行要他們上課，也覺得自己已經長大成人可以由自己選擇。

⑥ 逃避：在某個特定情景下因畏懼失敗而傾向退出，是個表現不達理想的人，這種學生持有負面態度、替自己定下不符現實的目標，性格也浮躁衝動。

⑦ 沉悶：這類學生傾向騷擾他人工作及使人分心，懈怠並覺得活動都是沒有意義，期望小努力大回報。

可幸的是，若我們掌握這些不同動力的障礙，可施行若干治療，讓學生得到幫助及端正智慧。

治療方案

習性反應	• 用上非言辭的訊息制止對方行為 • 以替代的活動教育，並應用強化法則 • 施行分散活動 • 教授鬆弛方法
尋求關注	• 以獎賞法則教導合宜行為 • 忽略不合時宜的行為 • 讓孩子與已具備展現合適行為的模範友群一起
操控感的需要	• 下放責任（如委任為班長／委員會成員） • 讓他們領辦項目或活動 • 避免直接對峙，在這情況下教導協議計劃，賦予選擇 • 教授自我控制及情緒調節
需要作出報復	• 協助發展朋友圈子 • 透過藝術工作發掘感受 • 探索生命中幸福有意義的目標 • 建立自尊及設立界限 • 培養對他人的同理心
認為不相關聯	• 識別及配對合用的楷模 • 提供選擇或改換課程 • 安排校外支援，如導師 • 對於在學校守時、遵循行為給予獎勵
未能達標者	• 探討原因 • 鼓勵友朋支援 • 採用不同教法 • 制定有趣味的功課 • 獎賞中有等級制度
沉悶	• 鼓勵活潑、互動的活動 • 改動學習及教授方式 • 在學習上採用音樂、圖像、遊戲 • 在活動中介入突然即興的改動

內在價值觀及研究的最新趨勢

 **個案分享**

朋輩的推動

　　馬克八歲時在假期後開始對上學感到失去興趣，長期懶床、打遊戲機。即使母親一再交談、叨念和吼罵，他仍拒絕上學，導致母親不得不放棄。直到有一天，一位有自信、在學習上常能掌握目標獲得好成績，又持續努力終有回報信念的同學到馬克家中探訪他，兩人談天說地交流班上動態，也分享對未來的想法。馬克透露自己很想成為賽車手，而那位朋友則夢想成為飛機師，他們一同大談心中夢想及憧憬，氣氛活躍地一起度過好幾個小時。至此，馬克深受此同學影響並以對方為榜樣，決定返回學校上課了。

　　對方動機研究，70 年代研究面向由個人行為轉變至認知影響行為的探討。Broussard 和 Garrison（2004）觀察到近年這方面的調查趨向以下三個核心：

1. 我可以做好這事嗎？
2. 我想做這事嗎及其中原因是什麼？
3. 要成功做好這事我要做些什麼？

且讓我們看看三核心的內容：

核心一：我可以做好這事嗎？（自我價值感、才能）

學生本人相信自己擁有能力以完成任務，這是對於才能的自我提問。當然，這要看個人對自尊的看法（請參閱第四效中的自尊五感），有些人即使能夠勝任仍會妄自菲薄，看輕自己能力不足。另一方面，另有些人即便能力成疑卻認為自己力所能及並堪當有餘，而被激發起來接受任務。

所以，對才能上自我價值感的認知已在早期以其特定形態展現。在此要特別小心，在獎勵制度下，想法上自我價值感低落的會越發每況愈下，在這範疇內，這些人可能需要改進。

研調結果（Steinmayr et al., 2019）顯示，在學生才能自我形象方面，比對起其他原因如智力程度、任務價值及學習目標，更是與學業成就產生莫大關係。以成就動力結構來說，才能自我形象仍然是估測學習成就強而有力的預測指標。

認知行為學承認外在獎勵的局限性，並操控認知過程。學生可以建立自己的目標，承擔更多自己在過程中調節的責任，運用後設認知策略，採用更多循證結論，提高正面自信，對自我效能加以獎勵，無論成功與失敗，都被賦予更大的操控感。

核心二：我想做這事嗎及其中原因是什麼？（興趣、價值觀）

這與興趣掛勾，我想做這事嗎？其中原因是什麼？（興趣、價值觀）

到底我對這事感興趣嗎？有值得我下功夫嗎？

在完成此事後會帶來社會獎勵嗎？會有團隊或班級上的歸屬感嗎？或會從生命中重要人物那裏獲得嘉許嗎？

我持有什麼價值觀？價值觀是完成任務的理由或激勵，共有四類：內在價值（個人興趣）、效用價值（有效益的）、個人價值觀（成功因素）及代價（畏懼失敗）。

完成此任務與我目標匹配嗎？目標分有操控上目標及表現上目標。操控上目標屬於事務導向的學習，如我會變得更好嗎？我可以怎樣做？我將學到什麼？鼓勵注重掌握技能並發揮個人能力中的才幹，認為這樣做總是好的。另一方面，表現上的目標則直指成就、為自己自豪及以自我為導向的目標；如我會更聰明嗎？我可以比我朋友更超前嗎？我的父母會為我感到驕傲嗎？

如 Eccles 和 Wigfield（2002）觀察所得，目前為止，掌控目標與經歷證據有強烈的關聯，並與自我才能、自我概念、努力程度而歸因、在艱鉅任務前遞增的持久力，及運用認知策略在監察、解難、對資訊作深入處理及自我規範上都有關聯。

核心三：要成功做好這事我要做什麼？（自主及控制）

這問題泛指所下的功夫、要用多少力或有多勤奮，學生需要對個人控制力（自我規範的行動）與事情的成果感到有直接關聯，同時需要有如何完成事情、這選擇的自主性。

自我規範理論假設在訂立合適及可達性高的目標、運用學習策略、監控及評估進度有助加強動力（Schunk & Zimmerman, 2007）。

同樣道理，Linnenbrink 和 Pintrich（2002）指出動力與認知思維並駕齊驅，認知重攝早前成就、背景理解、學習策略、目標訂立、自我規範、盼望與價值觀（動力），從中影響投入程度及學術成果。不過，意志理論（Corno, 1993）辯說即使個人具備行動的動力及決策，意志（意願的強度）是決定是否執行此項決策的主要原因。動機／動力主導目標，而意志支撐任務目標的管理及執行。

> 意志的重要性……
>
> 你的計劃應該建立在必須完成而不是可能完成的基礎上。
>
> ——海明威

研究結果建議，在不同學科及不同學齡上，日漸顯示更多區別。Eccles 和 Wigfield（2002）注意到當孩子在某活動上多花時間，也就是他們對此活動依附多些價值；即表示孩子在曾經經歷成功的學科上會越是增強學習動力。五至七歲的學童通常

未能辨識學科區別，但八至十一歲的學生則在各學科中自己相對的強與弱上具有比較清楚的自我知覺。

動力可以教出來嗎？

的確在促進動力上有實徵證據，但是各有正負效應，其中教學策略及課堂情境會增強也有可能減低學生動力。

增加動力的策略有：

1. 獎勵

在運用獎勵中提供能力資訊、增加自主及選擇，採納協作或合作式學習方法，營造支援性課堂環境。物質性獎賞（如糖果、現金或特權）及在活動上偶然參與這類自由選擇的行為，則屬主要負面元素。

另一方面，言語上的獎勵（讚賞、表現回饋）會提升高中學生的自由選擇行為，對兒童則未顯效能。負面評價會削弱內在動力，有些時候，意見如「繼續加油」會被視為操控，由此減低學生自主感，打擊內在動力。因此，除非回饋對內在動力有積極作用，否則，尤其在被視作為操控時，請避免物質性獎賞。

2. 給予自主

當老師讓學生自行決定工作時，學生似乎會對該項工作更具興趣。能自行選擇的學生傾向展現更多的忍耐、訂立目標及自律學習行為（Turner, 1995）。讓學生練習自主的面向包括安排完成事情的順次、在小組活動中自行挑選合作伙伴、決定閱

讀的書本和撰寫的課題，及在課堂上給予機會以識別欲以追求的個人興趣；另外如當學生完成習作時，給予他們選擇及培育責任感，允許他們自行評估及分享進度，容許他們挑選足以表現的任務，都是施贈自主感的方式。

3. 友伴間的鼓勵

有時與友伴合作式學習會促進成果。與人共事可是一個觸發個人興趣的契機，再莫說有些時候由做得好的學生成為同輩榜樣比老師的示範來得更有效；最終，與人共事，總會因對組內表現產生額外的責任感而推動學術參與度。

4. 課堂環境

不同環境會培植不同學習目標：從此操控學習表現。比如，在定義何謂「做得好」時，老師以改善及進步、在具有難度的任務上的奮進（刺激內在動力）、視失敗為成功之母等確定為目標而營造這樣的環境。在這結構下，將促使課堂上的每個學生更喜以過程中的努力作為歸因（Ames, 1992）。

話說回來，若學習環境聚焦於表現為目標，「做得好」則被定義為與人的競爭，在這樣比賽式目標的結構下，即是要比下一位學生做得更出色，同一框架中，學生會更傾向藉由幸運及以能力歸因。

5. 在課堂上採納外在評估

當作業以分數定論則使動力下挫，反之以評價式回饋則有助激發動力。越是以評價式回應或評述，在處理隨後工作時，比起只收到評分的同伴，學生越感興趣也會抱持越多合宜的優

秀特質來展示更好的表現。然而，當學生知道自己正受評估時會傾向挑選容易的工作，而過於不費力容易的工作往往會摧毀動力。

摘要

動力涉及一連串相互有密切關聯的信仰、知覺、價值觀、興趣及行動。個人對於控制成敗的知覺被認為是其特質或歸因。比如，自我效能是一個人在某個特定範疇中自我認定的能力，人們往往更具動力參與自己能夠勝任的活動。

一般而言，縱然動力隨學童在校的進展而逐步下跌，學童在進入學校時的確具有高度內在動力。動力隨時間在校和科目間越增區別，因此，當學生漸漸年長，也越能準確知覺自己在不同科目的強弱。

再者，學童遂因對不同動力形態發展出更為細緻的知覺，而在八或九歲即識別自己是為著歡樂而參與活動或是為著別人的指示而做事。

? 家長提問

家長甲：

我兒子完全沒有做數學作業的動力並且拒絕做功課。我收到老師很多投訴，他們一直提醒兒子要做數學作業，不過他對我的

意見充耳不聞，行為照舊。我簡直束手無策，不知如何是好。

麥姨姨：

　　我深明你的境況。首先，孩子到底能掌握到數學嗎？是否存有困難？可能值得為他說明一些難懂的單元並介入在功課上幫助他，同時向老師求助。第二，了解一下在什麼時候和為什麼他會驟然喪失興趣，會否在功課上遭人戲弄，或是遭到老師以不要再作出愚蠢錯誤而斥責，或是他有在功課上下功夫卻在測驗中失手？允許他的感受，予以鼓勵並攜手找出解決辦法。不妨稱讚他其他做得好的學科，並確認他有能力成功。另一方法是對他未來願想作出展望，與其只將目標放在表現上和課堂上的競爭性功效，不如以接受挑戰及征服失敗為學習目標。

家長乙：

　　我女兒十歲，最近對學習失去動力，卻十分投入於非二元性別，她要求我稱呼她「Norman」而不再用她自小沿用的「Mandy」，她也在外貌上花足心思，想作出不同改變。我怎麼辦？

麥姨姨：

　　我能理解，現今社會逐漸接受跨性別者「出櫃」（此點將於下文多作討論），對她的需要作出理解是非常重要的，她一定隱藏了自己的負擔及悲痛，請傾聽及互相商量，以至尋求到最佳做法吧。有時，那是仿效友人的行為，或因為一時衝動、缺乏完整

理解，或真心想改變出生時的生理性別及性別認同。

　　以支持及應允的態度去回應她的感受，首先嘗試站在她的角度理解及體會她選擇什麼及背後的原因，請她在作出決定前多參考各種資料。不少女孩在 18 歲時會改變想法，也有些是在此時作出決定。最重要的是，她能依據正確資料而又深明選擇後的挑戰及後果。

第七效 什麼是 LGBTQ？

Lesbian 女同性戀是女性向者，長期穩定地被另一女性在感情、戀愛及性關係上吸引。

Gay 男同性戀是男性向者，被另一男性吸引。

Bisexual 是雙性戀，同時被男性及女性在感情、戀愛及性關係上吸引。

Transgender 跨性別指個人的性別認同與出生時的生理性別不同，即如出生時生理性別為男性卻認同自己是女性。

Queer 酷兒一詞泛指不想將性別固定在某個特定類別或寧不採用二元性別的人。

Non-Binary 非二元性別是指一些人不認同非男即女及具有流動，即在兩者或以上的性別流動、兩者皆無、性別酷兒，或不單屬於男或女的自我性別認同。

雙性人（Intersex）出生時具有性別特徵（包括生殖器、性腺和染色體變異），不符合男性或女性身體的典型二元概念。

無性戀（Asexual）是指那些經歷低度性欲或對男或女缺乏性欲的人。

值得注意的是 LGBTQ 是一不斷發展及擴大的詞彙，社會上意見並不一致，因此，對個人自我認同的標示、性傾向及性向認同的尊重很是重要。「出櫃」是指個人在對家人、同事和

朋友自願披露性別認同的過程及路程，每人的時間點及歷程不同，那可以讓個人增強信心或更具自主能力的經歷，但也可是某些家庭的挑戰或社會難題。

不少 LGBTQ 個人都曾被邊緣化及遭受困難，也經歷其社會文化的歧視，不過，為了制止污衊及偏見，行動及倡導成效聚焦在以法律保護抗衡歧視、爭取婚姻平等、健康保障、教育及工作機會，這些會與族裔、宗教、殘障及社會經濟地位相交。主要的是，有不少組織、支援團體、網站社群願意提供資源、資訊並協助 LGBTQ 人士，對於來自不同背景獨特的 LGBTQ 經歷及困境加以協助。在接觸這社群時需以尊重、同理及願意的態度從他們的經驗中互學相長。

❓ 家長提問

家長丙：

我兒子 18 歲，現就讀中六，這陣子常在週末外出見朋友並且酩酊大醉，星期一起不了床不上學。其實他一直都是個好孩子又專注學習，成績中上。下年他將出國升讀大學，我擔心他在大學能否做得好。

麥姨姨：

18 歲真是一個讓人感到興奮的年齡，他或是有所準備去享受年齡帶來的自由，請與他交流，理解他的內在目標、什麼是他人

生中嚮往的，對他以往的優秀成果給予讚揚，同時細心傾聽他內心的擔憂，或許是他正在試圖找出自己的承受力，並覺得若是有何差池在家會安全一些。又或是他正以飲酒來紓緩內心憂慮、大學入學的壓力、或與家人及朋友分離的憂傷，飲酒解憂固然並非合適行為，能以同理、應允回應他的感受並給予鼓勵，也可以權衡飲酒利弊作出指導。

學生回應

　　①「我很想進入醫學院因此充滿動力並致力學習，不過，父母始終不能理解我這種期望而產生的壓力及辛苦，他們只求更多更好，若我偶有失手或得到不如預期的高分，我就被臭罵一頓。老師、父母、自己的期望，有時同學也有想法，簡直難受又難頂。我有時會想這麼辛苦為了什麼？其他朋友比我更快樂，不如就和他們一起開心一下，但又不可以這樣做，始終要對得住這麼多人的期望繼續做下去，對住功課真是失去動力，又感到卡住難以擺脫現狀。」

　　②「我父母對我在學校的事毫不關心，讓我感到不開心。當我在放暑假前獲得好成績或是得了獎，他們都認為那都只是我做好本分，沒有什麼值得自豪，這讓我自覺自己是他倆的負擔，學習興致當場驟然下滑。」

　　③「父母對我寄存很高期望，又是鋼琴、又是唱歌與舞蹈，還要應付學校功課，我感到疲憊不堪。朋友紛紛外出玩耍，而我

則要長守家中溫習，媽媽常常來查看我考試成績，我不想讓她感到失望，但也因此誠惶誠恐。我也明白媽媽愛錫我並想我出類拔萃樣樣都第一，可我不是這樣想。爸爸常在外工作所以不常見他，根本沒人能聽我申訴，我也沒辦法向誰傾訴。眼見朋友的母親都很關心又支持他們，心中不禁妒忌起來。」

第七效 所謂的「以後」指的其實是什麼？

日本動畫大師宮崎駿（H. Miyazaki, 2006）在《出發點1979-1996》序言劈頭就以「最擔心的是孩子們」為題，談論國家的前途。

> 在幼稚教識字、寫字，我認為這種做法應該捨棄。當孩子到達小學五年級左右的階段，開始把自己同化成主角去思考故事時，若在他的額頭上蓋一個又一個的大叉叉，那麼以後再怎麼樣都不會恢復了。

> 大人以為先在孩子的童年進行投資，以後就能得到莫大的回饋；我想這種錯覺就是最大的問題。我甚至以為，這全是過著無聊人生的父母硬要把幻影投射在子女身上的結果。

這樣把自己的心底話毫無保留地表達出來，不禁讓身為父母親或老師的讀者驚訝不已吧。

Yuval Noah Harari（2022）在《21世紀的21堂課》中預測「到了2048年，人類有可能要面臨的就是遷移到網絡空間、流動的性別認同、以及電腦植入裝置所帶來的新感官體驗」。雖然遷移網絡空間仍然有些抽象，但依現在的情況看來，沒有網絡的

確讓人手足無措、十分不便。

　　人工智能 AI 威力正逐漸擴大。2024 年 2 月來港獻技的球王美斯在網絡上穿唐裝向內地及香港球迷拜年，並解釋其未能出賽的原因，成為 AI 合成技術製作的深偽技術（Deepfake 深度偽造）的受害者（見《am730》，2024 年 2 月 16 日報道）。演算法餵養你的喜好，推進來的選擇正局限了你對自己的其他認知；有人的另一半是依據演算法在交友網站上成功配對。自我定義會變得過時。

　　惟則我們的身份並非一成不變，也不單只與社會性別相關，但固定的身份認同也許受到動搖。人生中的職責，隨著身份的複雜多樣，不斷變更。如上文的介紹，流動的性別認同的確正在發生中。社會性別是一種社會體系，在其中建立自己的身份性別認同大為關鍵。不是男就是女的二元性別並不能再準確描述不同文化裏的性別認同。順性別、跨性別、非二元性別成為性別認同的例子。非二元性別者的性別認同會產生變化，如雙性別者就認為自己不止一種性別。無論是本人或與之接觸的各人，都會在流動性的性別認同中面對諸多考驗與磨合。

　　Harari 的觀點是「沒人真正知道未來的變化將是如何」，但可以確切肯定的是「一切將會改變」，而且改變的速度之快，將對傳統的認知帶來衝擊。也即是說，發展理論中人生階段的典範，如 Erikson（1975, 1997）提到的八個階段或不再合宜；各個階段的銜接亦不再如前，需要重新發掘及重新定義。

　　雖則我們或者都明白未來一定與現在不同，可是與孩子們

相處時，仍然無法迅速知行合一。正如填鴨式教育受到多方質疑，老師仍在課堂上教授上網即能獲取的資訊，學生亦要硬背一些一按鈕即能攝取的資訊。然而一個把唐詩背得朗朗上口的學童，卻不能整合詩中的各種意境，組合成人生的價值觀（如「善」的情操或「美」的欣賞），那種滾瓜爛熟的表現又有何意義？

因此，所謂的「以後」，就是與現在不同。施教者應保持心態靈活，隨著改變的步伐，不斷學習，一次又一次地重塑自己，看來是為未來一代較為負責的做法。

讓孩子平靜下來，保持動力

正如前文所言，內在動力與生俱來，孩子在八、九歲時逐漸理解自己所能，越是得到鼓勵、越是能保持動力，越是如此，自我效能越是提升，越能穩操勝券。漫畫大師宮崎駿說：「童年不是為了長大成人而存在的，它是為了童年本身、為了體會做孩子時才能體驗的事物而存在的。童年時五分鐘的經歷，勝過大人一整年的經歷。」但是，外界誘惑繁多（比如各種網上遊戲），再說，到了青少年在發育時期，照道理仍需父母指導，父母眼看孩子逐漸長大而更為著他們要為自己的行為負責任而著急。不過，荷爾蒙分泌導致的毛躁不安，遇上某些行為得不到父母理解，不善應對的雙方，不但令孩子真正需要求之而不得，更會產生衝突。父母在處理孩子的矛盾時用上善意溝通，可避免孩子鑽冰求酥的困局，讓自己的指導發出功效，也能引導孩子為人著想，有助帶出孩子天賦的責任感。

美國心理學家 Marshall Rosenberg（2003, 2004）提倡非暴力溝通（Non-violent Communication），現被稱為善意溝通。在權力關係（如警察－公民、老闆－員工、老師－學生）和非正式權力關係（如家長－孩子）終能恢復成互相尊重的伙伴關係，減少及取代支配式的模式。這可使學生對自己的學習持有更負責任的醒覺及更高的決策能力。

　　善意溝通著重在對話中不單說出自己的需要，卻仍把對方的基本需求考慮在內。透過轉變說話及聆聽的方式，區分觀察與評論、識別感受和想法。除了解自己的觀察、感受和需要外，也有意識地運用語言具體地表達請求，從此造就雙方看到沒有被滿足的需求，以同理建立聯繫、和諧共處。

　　善意溝通提倡人們透過四個步驟：觀察、感受、需要和請求，建立互相尊重的溝通模式。

1. 我陳述句：如實觀察

　　著重觀察，不帶任何評論，也不鼓勵靜態的泛化。

　　表達事實，即是我們所看到、聽到、或觸摸到的東西，而不是我們對事情的意義和重要性的評價。留意的是：在觀察帶上了評價，說出的話很容易得到別人的批評或抵制。不服氣而侵略性強的會作出反駁，反之也會不聞不問，作出無聲抵制。

例　又 / 總是 / 從來（靜態的泛化）

　　母親：你又遲到。
　　我陳述句→這星期裏有兩日遲到。

　　母親：你總是回到家裏，亂放書包和衣服。
　　我陳述句→我看見你不願意花心思將書包及衣物放回對的位置。

2. 表達感受，讓孩子知道你內心的聲音

要相信人往往很在乎別人怎樣想，孩子也會在意自己父母的看法。善用溝通表達自己內心的感情。在處理衝突時，通過表達情感，讓自己變得脆弱，有時有助於解決矛盾。善於識別情感，也更容易與他人建立聯繫。

例　母親：你已是第三次欠交功課，你就不能做好你學生的責任嗎？

表達感受→這次是第三次欠交功課（向他形容你的觀察），我很擔心你發生了什麼事情。（讓他知道你的感受）

感情與需要關係密切，若然需要被滿足，就會產生正面的情感；反之，需要沒有被滿足，則有負面的感受。因此詞彙上有正向感受（如滿意、期待、快樂）及負面感受（如灰心、疲憊、不安）。當遇著不滿意的情態時，可先想一想「自己的感受是什麼」、「是什麼你很在意的特質沒有被滿足到」，透過探索自己內心的聲音，你可以更篤定明白自己內心的需要。

3. 告知孩子你的需要

在第一效已有提及 Maslow「需求層次理論」，我們以此理解孩子的需求，也在溝通上以同樣的道理，釐清自己的需要。對自己需求不夠清晰，或會長處在一種對生活不滿意，對別人亦不滿足的狀態。

［例］　媽媽希望你能逐漸成長，理解到完成功課是你的責任。（孩子的成長是你的需要。）

其他的需要如連結、得到接納、尊重、支持、良好秩序樂趣、有所貢獻、獨立空間等。

4. 清楚表達你對孩子的請求

請求是坦白開口請對方滿足自己的需要，希望對方怎樣做，也邀請對方提出他／她的需要，一起參與及商量。兩個人盡可能以合作的方式成全彼此。

請求與要求有所區別嗎？有的。請求是可以聽到對方「不」的答案，並不會觸發強制解決的行為。真正的請求是在不斷續的交流下進行的，並必須讓對方理解自己可以拒絕。即使對方拒絕，也試圖以同理心去理解背後原因。不會讓雙方的連結中斷，重點是繼續溝通下去，保持彼此的關懷與好奇。

［例］　以後如果你在功課上有困難的話，你可以先來我這裏說一下，說不定我能幫助你。（請求孩子不因無緣無故而欠做功課，並表示你會幫助他的意願）

以這四步曲的善意溝通，因以實事敘事的語氣道出，孩子

會感受到對話中的客觀和尊重，同時，孩子知道母親的「感受（擔心）」、「需要（孩子成長／責任感）」、「請求（遇難求助）」，因著媽媽的應對，孩子也會平靜下來（參考第三效【孩子遇難父母協助】六技）。

家裏氛圍影響孩子成長，在第一效已有闡釋。父母不和諧會左右孩子發揮動力。善意溝通也適用於當夫婦間有不同意見時的交談（請見下示「毛太有話說」之《相嗌唔好口，再嗌祖先醜》）。

毛太有話說

認清自己需要，用善意溝通交流

兒子的好友最近常曠課，甚至有輟學想法，因深受老友影響，沒法在課堂上集中精神，顯得懶洋洋的。毛太心急如焚，除更落力照顧三餐外，只能在旁焦急，想與兒子溝通卻又無從入手，甚至不敢面對這件事。其實，毛太可考慮用善意溝通方法。

1. 我陳述句→我看見你老友不上學這件事，對你產生影響。

2. 表達感受→你無精打采，彷彿上課上得不情不願，讓我感到不安。

3. 表達需要→我好想聽一下你現在的感受。

4. 說出請求→你和媽媽談談，好嗎？

這種不帶判斷、只想好好說話的表達形式，會促使兒子感受到母親正留意著自己，而產生被關懷的感受。兒子也會更有意願

交談。在交流之間，媽媽可以更了解兒子的情緒及想法，作出具同理心的對應如：「返學有個老友喺度的確會開心啲，所以老友唔返學就冇人可以好似佢咁熟悉你，你就感到孤單嗎？又係嘅，想講吓笑都冇人聽⋯⋯」。

得到媽媽理解，兒子會平靜下來，漸漸接受及適應這個變化；也會尋找其他上學樂趣，或結交新朋友，回復學習幹勁。

＃兩代人 ＃表述所見 ＃不帶判斷 ＃同理應對 ＃增強連結 ＃讓孩子得到理解恢復動力

自小與孩子以善意溝通對應，減低「在他額頭上蓋一個又一個大叉叉」，無論是毛躁、焦急、憂慮都能得到父母理解，孩子心情亦能平靜下來。再者，在心平氣和而充滿和諧的人際關係中，體驗他們那個時候的事物，就連犯了錯，也可能在人生中另具意義。久而久之，孩子內在動力不但沒有被打沉，也因意識到一個身份認同，懂得為自己的人生賦予意義。

毛太有話說

相嗌唔好口，再嗌祖先醜

毛太開口：「我和丈夫有不同的文化背景，意見不同之時真是會在孩子面前討論起來，尤其⋯⋯」，她正面對「兩夫妻有不同意見在孩子面前爭論，感到有傷和氣」的困擾。青少年孩子正

邁向獨立的成年期，逐漸遠離孩提時倚靠父母「聽教聽話」所展現的和諧。看來家中慣用的「討論」逐漸爆發「火花」，討論變爭論。我笑笑地說：「討論與爭論有所不同噢！」毛太可運用善意溝通以利各方。

夫妻之間——作為妻子的毛太可以：

我陳述句→孩子逐漸長大，關於他的事我們常會有不同觀點，我看到孩子因此坐立不安，迴避著躲入自己房間。

表達感受→我擔心他會以為我們不和，影響他的情緒。

告知需要→我希望得到你的理解及支持。

說出請求→要討論敏感話題，尤其是孩子的事，我倆先私下商量，達致共識才再與孩子討論，好嗎？

媽媽、孩子之間——毛太可以：

我陳述句→阿仔，我看到當我與你爸爸討論你的事時，你會躲進房間。

表達感受→我擔心那些有關你的討論，讓你感到尷尬和不安。我在想，或許，你也有你的想法。

告知需要→父母討論孩子的事都是為孩子好，媽媽希望你能接受，我和你爸爸交流是有必要的。

說出請求→你逐漸長大了，也可以嘗試一起討論，參與其中，說出你的看法吧。

兩代人 # 轉變是成長的信號 # 支持成長 # 學習交流技巧 # 保護孩子動力

圖片來源：CANVAS

教育者的重新整動：
4C 能力的併入

硬記死背不再是應對未來的能力，美國 21 世紀技能學習聯盟 P21（United States-based Partnership for 21st Century Skills）將 4C 評選為本世紀最需要學習的四種能力，即批判性思維（Critical Thinking）、溝通能力（Communication Skills）、團隊協作（Collaboration）及創作與創新（Creativity and Innovation）。

① 批判性思維：用新的角度看問題，從縱橫學科及課程，學習融匯貫通。

② 溝通能力：暢順地分享想法、問題、意念及解決難題的提案。

③ 團隊協作：將人才、專才看頭腦靈活的人放在一起工作，以團隊協作達到目的。

④ 創作與創新：以新的方式把事情做好。

現今的教育制度下，技能的培育是課程及日常指導的最終目的，當 4C 被提倡為 21 世紀最需具備的能力，如何包括在這種已經習以為常「進行中」的課堂上，其將會是由許多相關但不同部分組成、錯綜複雜的程序。

正如有關研究（Fitriati et al., 2023）指出，現今教育者面對的其中一個重大挑戰，就是在學校的課程設計中，要加入各種

考量，使學生充分裝備，以應付社會的變化及世界的快速轉變（Malik, 2018）。

> 2024 年新春午宴，浸會大學表示將於年內完成合併文學院及社會科學院，更指出傳統的文理分科已經過時，現下更適用的是追求跨學科，已成立跨學科本科課程部配合有關課程。（見星島日報，2024 年 1 月 24 日報道）

文獻（Alahmad et al., 2021; Astuti, A. P. et al., 2019）指出，儘管教育界已察覺教育方法將由傳統的知識傳授，轉變成為培養學生技能及才幹，認同 4C 為 21 世紀之需，培育帶有 4C 能力的教師才是急切要做的事。教育方法及個人 4C 能力畢竟是兩個領域，大學講話固然在教育方法上都胸有成竹，可是大學培訓老師的講師也不一定每個人都擁有 4C 才能，這對未來 4C 老師的培訓產生了不肯定因素，更遑論將 4C 納入教學方法中。

整個對下一代的教育理念，隨著社會變化，變成學習者才是教育目的的中心與重點。其中有以下幾點在此強調：

① 個人化的教育經驗：老師要掌握到每個學生的學習模式、動力及情緒。

② 跨學科的覺知：有能力教授不同學科，示範融匯貫通的思維方法。

③ 終身學習：持續進修，並除教授外，也展示有如教練、導師的角色，與學習者並肩同行，展現不間斷的協作歷程。

④ 學習環境的創作者：除創建安全學習環境外，也要擁有

為不同情緒、體能、學習需要的學生設計、帶領、管理及計劃學習環境的技能。

提出了 4C 為 21 世紀技能之後，各地的教育界學者專家認同這種提倡時，都紛紛為著下一代能真正具備這些技能而施教者應有的改變及教育系統中必須具備的轉發陳述意見。

正如老師已不再單只是知識的傳遞者，21 世紀 4C 技能的老師，與其將知識認定為已創建的學科，更正確的，或是把知識視為一門要不斷更新和創新的課題，4C 老師的特質將是：

1. 有能力在課堂上示範 4C 技能。

2. 有能力考核及評估學生在獲得 4C 能力的進度，並對他們的進展提供持續性的回饋。

3. 組織學習環境並以提升 4C 能力為主、具富有成效的活動吸引學生參與。

4. 以學生為本（如探究式教法、解難教法）、並運用創新科技技術和教學方法，增強教學成果，讓學生充分準備就緒，迎接 21 世紀快速變化的需要。

5. 成為一富有學識和終身學習的人，並持續不停地推進其職業內所具備的專業知識。

6. 在課程推展及進化上扮演主動及活躍角色。

如果作為家長，你能明白與孩子互動的老師們也正在逐步調整以造就未來新一代，你可以做的，就是大力配合與支持。

第七效　解放孩子：滋養及保護天賦意志

　　強調老師促成個人化學習經歷的論述中，每個人都是一個個體的鮮明度更見顯現。放在孩子的角度解讀，若是孩子也與大人一樣明白箇中道理，他們會否向自己的雙親表示：「那麼我也不必以贏在起跑線的局限，一窩蜂地去學這個那個。是不是就能讓我享受更多餘閒，自然我就會作出內心很想做的事。」宮崎駿以現時成功的漫畫家身份感悟自己當年就是「劃一做法」教育制度下的受害者。他認為數學好的就讓他們發展數學，會畫畫的也是同樣做法，這樣才能讓孩子活潑起來，各盡所長。面對數學也是勉強不來的兒子，覺悟到「叫這小鬼把數學學好是不可能了」，就以「我家沒有數學細胞」掛在嘴邊，想想是否以此說法來讓孩子們覺得輕鬆一點，從而解放孩子。

　　2024 年年初，聯合新聞網（2024 年 1 月 17 日）有關中國鋼琴銷情斷崖式下滑的報道，指出中國曾是學鋼琴大國，到了 2023 年 4 月，卻平均只能維持過往 15% 業績。報道引述內媒資料，鋼琴熱是在 2008 年前後，當政策給九級以上的藝術特長者在初中學業水平考試加 10 分之際興起，直至 2018 年此項政策取消後，學習鋼琴對民眾的吸引力驟然下降。

　　以宮崎駿的調子說，喜歡彈琴的就請其全力發展音樂，真

會因沒得加分而轉做自己沒有興趣也不擅長的事嗎？不過，總有家長說：「不是都在說科技風嗎？難道孩子學鋼琴學到會編曲而成為維生技能？編曲？就不如學電腦編碼吧！」客觀點看，也不是人人學編碼都最終成為職業。更客觀點看，最實用的，自己孩子的天賦或興趣是什麼，仍是屬個人化的回應。

那麼作為家長，又要更為清醒，除不是「硬把幻影投射在孩子身上」外，善於觀察及體會孩子或者就是出路。

以人智學始創者 Rudolf Steiner 的理念而成的華德福教育，在世界各地辦學成為教育上一個可供選擇的方式（Attfield, K., 2022; Nurcholis, A., 2021; 梁可憲，2019），創始人說：「我們不應問人生存於現今社會應具備哪些知識與能力，而應該問人的內在潛能是什麼？他所欲求發展方向為何？如此我們才能使成長中的一代持續為現存的社會秩序注入新的動能。」

將教育任務的核心精神放於「在最適切的時機，也就是孩子天性上需要的時間點，提供他們最佳品質的教育，包括知識、環境與對應方式」。透過思考（Thinking）、情感（Feeling）與意志（Will），緊扣發展順序以意志先著手，後有情感與思考尾隨，三者結合讓孩子全面發展，鋪設幼兒階段至成人的發展路徑。

古諺語有云：三歲定八十，以三為表只是一個年齡階段，也即是說，孩子的童年生長發育會影響其一生的發展變化。依據施泰納人智學理念，零至七歲的教育重點是提供自然如家的氣氛及環境，高度的自由遊戲及具有規律的節奏，孩子可以無拘無束地透過意志力來活動，模仿及學習大人，從中發展如觸

覺、生命覺、平衡感、律動感的感官能力。

這時候的孩子，不如大人可以經由思考與判斷力，築起防護網，對有害的印象擱置在外，因此，每一種經驗都是全面開放，無力拒絕，比人更能結合而善於模仿。在滋養兒童感官環境，家長或老師可以做的，就是讓孩子盡情體驗「善」感。

依施泰納所指，此刻孩童的善感，即是心識中最為重要的意志，在德文語意也具「意願」之意，這與上文所說的內在動力有所依連不謀而合。

用身體感官經過開放性、大量的活動以探索環境，是滿足成長所需。雖則情感與思考尚處在被保護的情態，這時候的探索卻是為將來長大後人與境的互動，建立良好的意願；看來，成人一言一語都進入兒童感官印象，成為潛移默化的威力。「善」感在增進自我認識（比如自我效能、自律性等）至關重要，家長們了解意志的滋養，以下是梁可憲（2019） 整合 Steiner 的建議：

身體知覺	傳達知覺	幼兒的保護原則	有害的影響行為
觸覺 The sense of touch	1. 由觸摸經驗探索自我身體的界線 2. 藉由身體接觸產生安全感 3. 生存的信賴感	1.獨處和安全感，安靜的照顧自己與溫柔的身體接觸的經驗交替。 2. 放心讓幼兒獨處和以雙手擁抱的經驗同樣重要 3. 佈置創造安全的遊戲空間以便孩子可以觸摸、探索和發現	1. 只是表面照顧應付孩子，內心沒有真正接納孩子。 2. 太常讓孩子獨處或置之不理，或過份保護。 3. 欠缺尊重孩子身體與心靈合一的干涉或侵犯

生命覺 The life sense	1. 愉悅感、和諧的經驗 2. 感受各種過程的協調	1. 一天作息以有節奏進行 2. 可靠及有信賴感的生活氣氛 3. 正確的時間安排及經驗合適的規範，即相互協調的規律 4. 享用食物時的愉快感	1. 吵架爭吵、暴力、恐懼 2. 急躁、恐嚇 3. 不滿足 4. 無節制 5. 緊張 6. 雜亂無章的活動經過
運動覺 The sense of movement	1. 自己動作的覺察 2. 自由的經驗和自我掌握／控制的感覺，進而對活動遊戲的掌握。	1. 准許孩子自我活動 2. 佈置孩子的房間讓所有的事物都可以觸摸，並供給自由遊戲的空間。 3. 活動經過具有意義	1. 處處禁止孩子 2. 沒有提供典範或行為被動 3. 缺乏活動刺激 4. 在螢光幕（電視電腦）前久坐而成的活動障礙 5. 長玩電動玩具致使孩子失去自己能夠尋樂玩耍的主動性
平衡覺 The sense of balance	1. 經驗平衡、平靜、和諧 2. 自我信任	1. 運動遊戲，如蹺蹺板、踩高蹺、跳躍、跑步等 2. 與孩子相處時，讓孩子感到寧靜和安全感 3. 大人自己追求內在的平衡	1. 缺乏運動 2. 內在的不平靜 3. 沮喪、絕望 4. 對生命的厭煩 5. 內心的矛盾，不寧靜

意志作為邁向未來的行動力，實在抽象不易理解。Steiner 以生物不經學習即具備本能（如蜜蜂築巢）為喻，認為意志是天賦能力，因此強調以滋養及保護為目的。會否有家長驚嘆：「不是在說贏在起跑線嗎？原來孩子的天賦已經具備了行動力。」在搜集資訊、猛讀育兒、教育論點時，其實最基本的就是：客觀觀察孩子的興趣，保存並助長其特長。不一定是人云亦云，人做我做。所謂人本教育，就是以人為本，孩子一出生見到的就是父母，能夠把他／她看清楚的也是父母了。何謂保護、培育、滋養？希望以上思考方法，可以讓家長整理出何者為適，成為快樂孩子的幸福家長。

結語

動力與生俱來，是在我們體內的生存本能，在逃避危難、做好本分、去關懷及愛（內在目標）、接受正面稱讚及被人感激（內在獎勵）。我們的動力在對的環境條件下有對的刺激會得以維持，反之，初時滿滿的動力卻在逆境（如精神創傷、遭受拒絕及相互指責）中頓然消散。以理解、支持及幫助他人達成目標、滿足需要、接受孩子的動機及認同並鼓勵孩子的天賦本錢（即能力、認知的自我鑑定）可維繫動力，作為家長和老師，協助孩子和學生常處在邁向理想目標的道路上殊非易事。應對「一切都將會改變」的「以後」，21 世紀改變的速度之快，將會衝擊傳統認知，各階段銜接或有新的定義及發展，保護孩

子內在動力、滋養其意志並促進「善」感有助兒童迎接青少年至成年智力及情感整合。家長善用善意溝通可增加家庭和人際和諧，讓在成長期躁動不安的孩子平靜下來，吸收被認同為 21 世紀的 4C 能力。教育界正為呼應未來需要而在教育人才、課程等併入 4C 元素。每個孩子都不同，家長著眼於自己孩子個人天賦，讓其興趣得以持續，或是裝備孩子更適合的做法。

幸福有效溝通錦囊【幸福父母滋養孩子意志與動力】

動力：啟動性的覺醒	有動力，目標在望較大成數
	內在比外在動力導致較佳成果
	動力障礙有治療方案

自我價值觀及個人特性的培育。

內在價值觀	我會做好此事
	我有興趣做此事
	我會執行並完成此事

動力主導目標，意志支撐執行力。

滋養及保護意志	認清所謂「以後」是快速變化
	以善意溝通讓孩子平靜，保持動力
	客觀看待孩子內在天賦，滋養之

不把大人幻影投射孩子身上，以人為本作扶持。

理想各有版本：活得有意義的身份

身為家長，實是一富有挑戰性的第二職業，耗費我們的創造潛能、時間及精力。家長和孩子意識到各自的付出及需要都很重要。話說回來，培育新血這工作真是讓人感到滿足，尤其下一代正以其成長發展及需要，而非以大人強加的期望茁壯長大，當任務達成時，真是充滿自豪及滿意。

我們已在父母七大有效溝通作法上處理了一系列的課題，其中有十九例「毛太有話說」輔導境遇、七個個案分享、六個青少年的心聲，及二十五題家長老師提問和麥姨姨輔導的評述。以下讓我們重溫這七大有效溝通作法：

1. 學習如何不挑剔及讚賞孩子

在不破損孩子自尊心的前提下，有不同方法可以正面地給予負面回饋，孩子學習在接受負面回饋時不會感到被冒犯。慣性的嘮叨及懲處會破壞孩子的心理功能及引致更多的抗爭行為，也逼使他們抗拒改變惡劣及不能被接受的行為。

餵養孩子只是安身，孩子隨著年紀增長，心智與能力、心理渴求有相對的進程。對這方面的照顧，家長或要多花心力。父母與孩子互動，包括了夫妻間的相處形態，會影響孩子心理功能。營造和諧氣氛，尊重個人的差異性，擁有體察孩子不同

狀態下的需要，給予即時情緒支援，展示有商有量的交流，共同面對問題，掌握「助益式讚賞」及「建設性批評」之餘，盡量接近孩子，並與之輕鬆相處，讓孩子感到與你親近。有彈亦有讚，滿足孩子心理需要。

2. 正面情緒有助學習

我們已知道的是憂慮及負面情緒會損壞大腦功能並影響我們學習。早在四歲時我們已能協助幼童發展情緒智商以應對未來。首先，家長可以找出情緒的由來是什麼、為什麼及怎樣並嘗試理解孩子情緒，再來，讓孩子解釋他們內心的衝擊與激動處並細心聆聽。然後，接納及應允孩子感受是開始與他們建立關係及理解的方法。家長可用身教、管教作風及技巧鼓勵更多正面情緒。

「共享好心情」是父母與孩子都擁有良好的情緒智商。父母由輸送好心情為始，讓孩子處於安穩和被信任的情態下，孕育自我激勵的能力。有耐性的父母培養出有耐力的孩子，造就孩子們更滿足的人生。「及時」就是時間運用的先後緩急，與孩子一同體驗過程，是家長懂得花「對」時間，不錯失孩子成長路上所需要的陪伴、指導及信任。不同作風的父母會影響孩子情緒要素中忍耐力及自控力的發展，如恩威並重型的家長，給予孩子自由也施行高控，即使本身欠缺耐性，也會阻止孩子仿效。父與母各對子或女產生異迴的影響力，父母都有自己的角色功效。在時間洪流及目標為本的主流下，家庭中夫婦與孩子，以「共享好心情」為相處之道，父母理解時間的本質，以

從容、積極態度及耐性滋養孩子成長中需要的情緒智商，成就他們感受生命中起承轉合的信心。

3. 促進協作的溝通方法

孩子喜歡「試水溫」，摸索並試探自己能伸展得多遠，以落實獨立的成長目標。有時，當他們不想與家長合作，在老師面前不正經，會令家長感到掙扎。大人會走進情感圈套，以自然反射如發怒對應，製造如拔河比賽雙方拉鋸的負面展現。若然家長能靜心聆聽自己內在聲音，意識到個人恐懼及心底相互矛盾的動機，則雙方可坐下傾談，整合各方相關需要，連結並獲得彼此協作。當有問題時，可先運用解難技巧，直至尋獲一個替代方案。

驅動孩子提高協作動力，激發孩子原動力發揮自主性，父母可以成為孩子的好榜樣，在面對困難時以樂觀、主動的情態，作出解難行動。孩子是獨一無二的個體，與其改變孩子，讓他們符合父母的期待，更合適的是掌握孩子的個性、行事作風與學習模式，促進其優點的發揮，認清孩子能力和興趣，鼓勵並協助他們作出合適發展的配對。讓孩子體驗心流，品嚐成功和快樂。

4. 如何替孩子解除標籤及建立自尊

有時孩子會陷入不同角色以此向大人爭取關注，如「小丑」或「搗蛋者」，出乎意料地使他一世被標籤。負面標籤會窒礙孩子對未來各種潛能的發展，並影響他的自我觀感（自我概念與形象）。在運用字眼上，我們需要特別小心，正面的形

容詞比負面的更適合，這使孩子意識到自己的潛能及真正的自己。多一些的讚賞和聚焦在成就面上會促使孩子建立正面的自我形象。

自我意識源於生命早期，家庭是最直接形塑孩子自我觀念的始點，透過持續發展成為一種思想模式，如自尊五感（安全、獨特、聯繫、能力及方向感），這正是成長中不可或缺的心理需要。認同感使孩子的自我概念得到正面確認。依據潛能特質藍圖，協助孩子得到認同，成為心中理想的自己。各種特質都可成為獨立及未來求生的本領，對自己具備自信，才能在與 AI 共舞時代中，靈活變化作出應對。

5. 培育創造力

流暢性、變通性及獨創性是三個思想上的能力，與創造力有直接的聯繫。創造力可以是天生，也可以被發展，父母管教作風上的開放、溫暖感與鼓勵，促使孩子開創好奇心及跳出局限性觀點，對發掘新的意念抱持開放態度；長遠來說，創造力幫助個人更好地應對生活、更善於解決困難，並建立更和諧暢順的人際關係。

身為父母也有責任，可有時放下身段，讓孩子體會父母並不是只管聽從他們，也有他們聆聽自己的時候，更能彼此騰出空間，開展一個以創意解難的相處方式。要保持創意，家長可藉由好奇心開放心態，打破慣常思維，承認並接受自己也有不濟的時候，願意持續學習，聽從多方意見。培育孩子也會遇到問題，過往與孩子相處的高興片段，這種現有的材料，運用設

計思維加以應用，成為創作資源，從中引發靈感，創建有質素的相處方案，造就大家一生相互間的親密關係。

6. 如何協助孩子處理網癮

我們的應對力總追不上科技發展的速度。比起學校課程，有些孩子似乎更喜歡上網打電子遊戲，這讓家長非常擔心。我們已察覺網上遊戲讓大腦重新佈線，讓大腦產生渴求享樂感、不可預測性及速度，同時間，令大腦在控制情緒、行為及學習的部分得不到完整發展。過度電玩有機會引致精神健康的負面結果。在孩子年幼時，父母必須設立遊戲界限，增添其他嗜好（運動、藝術、健身、音樂、烹飪等），以致孩子不會因太多空閒時間而感到無聊。相對而言，青少年希望家長可以：

1. 與其固化地認為打機就是不好，不妨找出他們在打機期間獲得的經驗。

2. 聆聽及對他們的說話表示興趣。

3. 認同電玩也是他們與朋友的社交活動。

4. 想想如何也透過電玩與他們交流。

5. 不光只認為那是一個問題，不妨找出他們喜歡玩電玩的原因。

6. 與他們商談並折衷妥協。

使電玩成為另一樣處理得宜的嗜好。

做每件事都涉及時間分配，成為時間的主人，可採用蕃茄工作法，將打機有序地計劃在生活中並加以記錄，以提高自察力；也因過程需要把其他責任考慮在內，而喚醒「也要把其他

事情做好」的作用。培養孩子評估時間用法的習慣，可減低「不知停下來」的沉迷機率。學習運用時間管理技巧，規律地打機，或可獲取打機的益處，同時調控出平衡生活。

7. 如何激勵孩子追夢

動機或動力是一連串自我認知信念、才能、價值觀及興趣。孩子或個人會在自己感到有可能成功的活動傾向下以自我激勵參與。隨著時日及人生進程，動力的差異也日益變得不同；時間一長，孩子能辨識自己因樂趣或爭取表現而做事。父母可藉由孩子的動力方向，由此希望他 / 她在自己想要發展的地方著力，因得心應手帶來滿足感，雖則期間或是會充滿挑戰。對於青少年來說，目前的課題是他們的性別喜好和取向，父母可以聆聽、交談及提供資訊，讓青少年在作出理想及知情的選擇前，對最新動向充分理解，也能作出較佳的調適。

大人希望投資孩子，讓他們「以後」更好。當「以後」正以科技創新快速變化，保持孩子動力，把提升情緒管理的溝通方法納入日常應對，讓孩子天賦意志，可以經由早期身體感官的自由探索完整地保存及滋長，成為長大的內在動力。4C（批判性思維、溝通能力、團隊協作及創作與創新）成為 21 世紀需要學習的能力，學習者才是教育目的的中心，教師的角色正在變化，個人化的教育理念更需要家長與老師的攜手合作。

成為父母是最大的快樂，但同時也是一項不易應付的任務。我們作為家長，從自己的父母和童年經歷學習，期間會有哀傷、痛苦和快樂的經驗，每人都會將他們放在記憶中，當我們成為

家長後，偶然或會將好的、壞的或害怕的記憶帶給自己的孩子。因此，作為父母，更重要的是對自己的需要（想做得好）、不足（一成不變、迷執）、強項（才幹、美德、個性）作出全權把控。我們在行為、情緒管理作出身教，也為未來提供鼓舞人心的做法，盡量爭取溫暖、靈活、通情達理及開放的作風，有愛心及善良，具包容性，善於聆聽孩子心聲、應允他們感受，交流並引導他們發揮長處和建立復原力以應對未知的未來。孩子或會受友群影響，有些是具建設性，有些則可能有損害性。我們可與孩子討論友群關係中的優劣，希望孩子以智慧替自己選擇。家長與老師盡其所職，做到最好。

麥姨姨：

在經驗中，我們已目睹孩子縱然遇上不幸和缺乏教養，也能經出自我教導、堅持力和在克服困難中學習，成為有用而成功的人，有些向來得到父母疼愛的寵兒，則演變成可悲及失敗的人生。這是天生（生成的特質）或後天效應（環境或／和家長管教）？這是一個仍然繼續的爭議，有些人認為是一半一半。家長如我們盡了所能、作出最佳示範，孩子無論如何都能從中得益。在他們年幼或終有一天也當上家長時，一定會感激我們的努力，其他呢，就請安心放心吧。

以七個主題為面向，闡述有效溝通，讓家長在自己的展現上常能清楚表達對孩子美好的情懷之餘，也扶持他們的成長，始終如一地與孩子保持良好的兩代關係。

　　幸福是生活各面向的拼圖，七大「幸福有效溝通」，讓你察覺要幸福是就地取材，不向外求，以欣賞現在擁有的，讓孩子的「好」，藉以合適的心態、認知及有效的溝通技巧，促進微小的進步。其中包括由衷的讚賞鼓勵、應允情緒及認同感塑造自尊、共同協作及創意解難、遠離網癮及時間管理，和聚焦激發動力持續打氣，扶植、引導、陪伴相互的更大進步。

　　每個家庭及孩子都有獨特的發展步伐，在管教上，以七大面向的「幸福有效溝通」，加強親密連結，不斷探索，互相接納，定能創造自家幸福秘笈，從中獲得快樂與幸福。

致謝

我要感謝丈夫周兆鎏博士在我奮發期間的耐性及幫助。

梁國香

　　首先要向梁國香教授致謝，由共同想法引致共同的動力到最後共同的寫作，是一個親密、自主、又互相尊重的體驗，更莫說期間的學習。

　　因為要寫作，減少了共聚天倫的時間，我感謝丈夫 Andy 的體諒及支持，孩子都常以「媽媽，你別累壞」的話來關心；女兒 Rachel 更動手幫忙完善書中圖表，我要向他們表達由衷的感謝。

　　要感謝媽媽，沒她就沒我。她的活力是我的欣慰與精神支柱。

　　當然要多謝來與我會面的一眾父母及青少年，他們是我動筆的動力與靈感，也是他們讓我更敢開心扉接受人生的各種際遇及為人的各個面向，更讓我體會人與人心心相續連結的重要以至合一的領會，這也是這本書面世的意義。

　　謹將此書送給我的家人：

媽媽 Perry，

丈夫 Andy，

孩子 Benny，Allen，Rachel 及 David，

並懷念我已逝世廿六年頭的爸爸，他的離去如留下禮物般讓我更早地歸納兩代相交的重要性及思考生死，由此實踐臨終關懷至後來延展的輔導工作。

楊佩

參考資料

Bandura, A. (1986). *Social Foundations of Thought and Action: A Social Cognitive Theory.* Englewood Cliffs, N. J.: Prentice Hall.

Davies, P. T., Hentges, R. F., Coe, J. L., Parry, L. Q., & Sturge-Apple, M. L. (2021). Children's Dove Temperament as a Differential Susceptibility Factor in Child Rearing Contexts. *Developmental Psychology*, 57(8), 1274-1290. https://doi.org/10.1037/dev0001215

Epley, N., & Waytz, A. (2010). Mind Perception. In S. T. Fiske, D. T. Gilbert, G. Lindzey (eds.), *The Handbook of Social Psychology* (5th ed., pp. 498-541). New York, N. Y.: Wiley. http://dx.doi.org/10.1002/9780470561119.socpsy001014

Erikson, E. H. (1968). *Identity, Youth and Crisis.* New York: W. W. Norton.

Harari, Y. N. （2022）。《21 世紀的 21 堂課》。台北：遠見天下文化出版股份有限公司，林俊宏譯，6。

Maslow, A. H. (1943). A Theory of Human Motivation. *Psychological Review*, 50(4), 370–396. http://dx.doi.org/10.1037/h0054346

Schroeder, J., & Epley, N. (2020). Demeaning: Dehumanizing Others by Minimizing the Importance of their Psychological Needs. *Journal of Personality and Social Psychology*, 119(4), 765-791. https://doi.org/10.1037/pspa0000199

Skinner, B. F. (1938). *The Behavior of Organisms: An Experimental*

Analysis. Cambridge, Oxford, England: Appleton-Century.

Staff, H. (2022). Giving Children Constructive Criticism, HealthyPlace. Retrieved on 2023, February 12 from https://www.healthyplace.com/ parenting/parenting-skills/children-and-constructive-criticism

第二效

Bandura, A., Ross, D., & Ross, S. A. (1961). Transmission of Aggression through Imitation of Aggressive Models. *Journal of Abnormal and Social Psychology,* 63(3), 575-582.

Brenøe, A. A., & Epper, T. (2022). Parenting Values and the Intergenerational Transmission of Time Preferences. *European Economic Review,* 148, 104208-. https://doi.org/10.1016/j.euroecorev.2022.104208

Collaborative for Academic, Social, and Emotional Learning (2003). Safe and Sound: An Educational Leader's Guide to Evidence-Based Social and Emotional Learning Programs. Chicago: Author.

Darling, K. E., Seok, D., Banghart, P., Nagle, K., Todd, M., & Orfali, N. S. (2019). Social and Emotional Learning for Parents through Conscious Discipline. *Journal of Research in Innovative Teaching & Learning,* 12(1), 85-99. https://doi.org/10.1108/JRIT-01-2019-0017

Dolhanty, J., Hjelmseth, V., Austbø, B., & Hagen, A. H. V. (2022). Emotion Focused Skills Training for Parents. Empty Chair Publisher.

Epper, T., Fehr, E., Fehr-Duda, H., Kreiner, C. T., Lassen, D. D., Leth-

Petersen, S., & Rasmussen, G. N. (2020). Time Discounting and Wealth Inequality. *Amer. Econ. Rev.*, 110(4), 1177-1205.

Epper, T., Fehr, E., Hvidberg, K. B., Kreiner, C. T., Leth-Petersen, S., & Rasmussen, G. N. (2022). Preferences Predict who Commits Crime among Young Men. *Proc. Natl. Acad. Sci.*, 119(6).

Golsteyn, B. H. H., Grönqvist, H., & Lindahl, L. (2014). Adolescent Time Preferences Predict Lifetime Outcomes. *Econom. J.*, 124(580), F739-F761.

Jones, D. E., Greenberg, M., & Crowley, M. (2015). Early Social-Emotional Functioning and Public Health: The Relationship between Kindergarten Social Competence and Future Wellness. *American Journal of Public Health*, 105(11), 2283-2290.

Mischel, W. (1974). Processes in Delay of Gratification. *Advances in Experimental Social Psychology*, 7, 249-292.

Mischel, W., Ebbesen, E. B., & Zeiss, A. R. (1972). Cognitive and Attentional Mechanisms in Delay of Gratification. *Journal of Personality and Social Psychology*, 21(2), 204-218.

Morris, A. S., Criss, M. M., Silk, J. S., & Houltberg, B. J. (2017). The Impact of Parenting on Emotion Regulation During Childhood and Adolescence. *Child Development Perspectives*, 11(4), 233-238. https://doi.org/10.1111/cdep.12238

Salovey, P., & Mayer, J. D. (1990). *Emotional Intelligence*. Hachette Books NY.

Zins, J. E., Weissberg, R. P., Wang, M. C., & Walberg, H. J. (eds.) (2004). *Building Academic Success on Social and Emotional Learning: What does the Research Say?*. New York: Teachers College Press.

第三效

Beebe, B., & Lachmann, F. M. (2013). *The Origins of Attachment: Infant Research and Adult Treatment* (Vol. 60). Routledge.

Csikszentmihalyi, M. (1997). *Finding Flow: The Psychology of Engagement with Everyday Life* (1st ed.). New York: BasicBooks.

Deci, E. L., & Ryan, R. M. (1985). *Intrinsic Motivation and Self-Determination in Human Behavior*. Plenum Press.

Stillar, A. et al. (2016). The Influence of Carer Fear and Self-Blame when Supporting a Loved One with an Eating Disorder. *Eating Disorders: The Journal of Treatment and Prevention*, 24(2), 173-185. DOI: 10.1080/106402662015.1133210

Xie, F., & Derakhshan, A. (2021). A Conceptual Review of Positive Teacher Interpersonal Communication Behaviors in the Instructional Context. *Frontiers in Psychology*, 12, 708490-708490. https://doi.org/10.3389/fpsyg.2021.708490

Borba, M. (1993). *Staff Esteem Builders: Building Staff Self-Esteem, Implementing Successful Team Building.* Torrance, Calif.: Jalmar Press.

Harari, Y. N.（2022）。《21 世紀的 21 堂課》。台北：遠見天下文化出版股份有限公司，林俊宏譯，37-64。

Milenkova, V., & Nakova, A. (2023). Personality Development and Behavior in Adolescence: Characteristics and Dimensions. *Societies (Basel, Switzerland)*, 13(6), 148-. https://doi.org/10.3390/soc13060148

Paspalanov, I. (1983). Self-Concept Formation in Middle School Students. *Youth Issues*, 5, 60-74. (In Bulgarian)

Rogers, C. (1947). Some Observations on the Organization of Personality. In Christopher D. Green (ed.), *Classics in History of Psychology*. Ontario: York University, 1-19. Retrieved from http://www.yorku.ca/dept/psych/classics/author.htm

Rogers, C. (1961). *On Becoming a Person: A Therapist's View of Psychotherapy.* Boston: Houghton Mifflin Company. Retrieved January 21, 2019 from http://libgen.io/

Rogers, C. (1965). *Client-Centered Therapy.* Boston: Houghton Mifflin Company.

Van Aken C., Junger, M., Verhoeven, M., van Aken, M. A. G., & Dekovic, M. (2007). Externalizing Behaviours and Minor Unintentional Injuries in Toddlers: Common Risk Factors? *Journal of Paediatric Psychology*, 32(2), 230-244.

Baumrind, D. (1971). Current Patterns of Parental Authority. *Developmental Psychology*, 4(1), 1-103. DOI: 10.1037/h0030372

Beaty, R. E., Cortes, R. A., Zeitlen, D. C., Weinberger, A. B., & Green, A. E. (2021). Functional Realignment of Frontoparietal Subnetworks during Divergent Creative Thinking. *Cerebral Cortex*, 31(10), 4464-4476.

Borba, M. (1993). *Staff Esteem Builders: Building Staff Self-Esteem, Implementing Successful Team Building*. Torrance, Calif.: Jalmar Press.

Brito, S. M., & Thomaz J. P. C. F. (2022). *Emotional Creativity* (ebook). London: IntechOpen.

Bunet, B., & Evans, D. (2017). *Designing your Life: How to Build a Well-Lived, Joyful Life*. New York: Alfred A. Knopf.

Clark, L. A., Kochanska, G., & Ready, R. (2000). Mothers' Personality and its Interaction with Child Temperament as Predictors of Parenting Behavior. *Journal of Personality and Social Psychology*, 79(2), 274-285.

Coplan, R. J., Reichel, M., & Rowan, K. (2009). Exploring the Associations between Maternal Personality, Child Temperament, and Parenting: A Focus on Emotions. *Personality and Individual Differences*,

46(2), 241-246.

Fearon, D. D., Copeland, D., & Saxon, T. F. (2013). The Relationship between Parenting Styles and Creativity in a Sample of Jamaican Children. *Creativity Research Journal*, 25(1), 119-128.

Feldman, R., & Klein, P. S. (2003). Toddlers' Self-Regulated Compliance to Mothers, Caregivers, and Fathers: Implications for Theories of Socialization. *Developmental Psychology*, 39(4), 680-692.

Fu, V. R., Moran, J. D. III, Sawyers, J. K., & Milgram, R. M. (1983). Parental Influence on Creativity in Preschool Children. *The Journal of Genetic Psychology*, 143(2), 289-291.

Green, A. E., Spiegel, K. A., Giangrande, E. J., Weinberger, A. B., Gallagher, N. M., & Turkeltaub, P. E. (2017). Thinking Cap Plus Thinking Zap. *Cerebral Cortex*, 27(4), 2628-2639.

Kaufman, J. C., & Sternberg, R. J. (eds.) (2021). *Creativity: An Introduction*. Cambridge: Cambridge University Press.

Kerr, D. C. R., Lopez, N. L., Olson, S. L., & Sameroff, A. J. (2004). Parental Discipline and Externalizing Behavior Problems in Early Childhood: The Roles of Moral Regulation and Child Gender. *Journal of Abnormal Child Psychology*, 32(4), 369-383.

Oh, Y., Chesebrough, C., Erickson, B., Zhang, F., & Kounios, J. (2020). An Insight Related Neural Reward Signal. *Neuroimage*, 214, 116757-.

Kounios, J., & Beeman, M. (2015). The Eureka Factor: Aha Moments, Creative Insights and the Brain. Random House.

Kwak, K., Putnick, D. L., & Bornstein, M. H. (2008). Child and Mother Play in South Korea: A Longitudinal Study Across the Second Year of Life. *Psychologia.* 51(1), 14-27.

Kwa niewska, J. M., & Lebuda, I. (2017). Balancing between Roles and Duties: The Creativity of Mothers. *Creativity: Theories-Research-Applications*, 4(1), 137-158.

Losoya, S. H., Callor, S., Rowe, D. C., & Goldsmith, H. H. (1997). Origins of Familial Similarity in Parenting: A Study of Twins and Adoptive Siblings. *Developmental Psychology*, 33(6), 1012-1023. DOI: 10.1037/0012-1649.33.6.1012

Lubart, T. I. (2001). Models of the Creative Process: Past, Present and Future. *Creativity Research Journal*, 13(3-4), 295-308.

McCabe, J. E. (2014). Maternal Personality and Psychopathology as Determinants of Parenting Behaviour: A Quantitative Integration of Two Parenting Literatures. *Psychological Bulletin*, 140(3), 722-750.

Mehrinejad, S. A., Rajabimoghadam, S., & Tarsafi, M. (2015). The Relationship between Parenting Styles and Creativity and the Predictability of Creativity by Parenting Styles. *Procedia - Social and Behavioral Sciences*, 205, 56-60.

Milenkova, V., & Nakova, A. (2023). Personality Development and Behavior in Adolescence: Characteristics and Dimensions. *Societies (Basel, Switzerland)*, 13(6), 148-. https://doi.org/10.3390/soc13060148

Paspalanov, I. (1983). Self-concept Formation in Middle School

Students. *Youth Issues*, 5, 60–74. (In Bulgarian)

Rogers, C. (1947). Some Observations on the Organization of Personality. In Christopher, D. G. (ed.), *Classics in History of Psychology*, Ontario: York University, 1-19. Retrieved from http://www.yorku.ca/dept/psych/classics/author.htm

Rogers, C. (1961). *On Becoming a Person: A Therapist's View of Psychotherapy*. Boston: Houghton Mifflin Company. Retrieved January 21, 2019 from http://libgen.io/

Rogers, C. (1965). *Client-Centered Therapy*. Boston: Houghton Mifflin Company.

Sachs, J.（2019）。《創新者的大膽思考：如何跳脫安全思維，勇敢冒險，出奇致勝！》台北：三采文化股份有限公司，林力敏譯，108-124。

Sakamoto R.（坂本龍一）（2023）。《我還能再看到幾次滿月？》台北：麥田出版，謝仲庭、謝仲其譯。

Smith, C. L., Spinrad, T. L., Eisenberg, N., Gaertner, B. M., Popp, T. K., & Maxon, E. (2007). Maternal Personality: Longitudinal Associations to Parenting Behavior and Maternal Emotional Expressions toward Toddlers. *Parenting, Science and Practice.* 7(3), 305-329.

Torrance, E. P. (1996). *Criatividade: Medidas, Testes e Avaliações.* São Paulo: Ibrasa.

Torrance, E. P. (1981). *Thinking Creatively in Action and Movement.* Benesville, I. L.: Scholastic Testing Service.

Williams K. J. H., Lee, K. E., Hartig, T., Sargent, L. D., Williams, N. S. G., & Johnson, K. A. (2018). Conceptualising Creativity Benefits of Nature Experience: Attention Restoration and Mind Wandering as Complementary Processes. *Journal of Experimental Psychology*, 59, 36-45.

Xu, Y., Farver, J. A. M., Zhang, Z., Zeng, Q., Yu, L., & Cai, B. (2005). Mainland Chinese Parenting Styles and Parent-Child Interaction. *International Journal of Behavioral Development*, 29(6), 524-531.

Zedelius, C. M., Protzko, J., Broadway, J. M., & Schooler, J. W. (2021). What Types of Daydreaming Predict Creativity? Laboratory and Experience Sampling Evidence. *Psychology of Aesthetics, Creativity, and the Arts*, 15(4), 596-611.

第六效

Andreassen, C. S., Billieux, J., Griffiths, M. D., Kuss, D. J., Demetrovics, Z., Mazzoni, E., & Pallesen, S. (2016). The Relationship Between Addictive Use of Social Media and Video Games and Symptoms of Psychiatric Disorders. A Large-Scale Cross-Sectional Study. *Psychology of Addictive Behaviors*, 30(2), 252-262.

Billieux, J. et al. (2015). Can Disordered Mobile Phone Use be Considered a Behavioral Addiction? An Update on Current Evidence and a Comprehensive Model for Future Research. *Current Addiction Report*, 2(2), 156-162.

Bonnaire, C., & Baptista, D. (2019). Internet Gaming Disorder in Male and Female Young Adults: The Role of Alexithymia, Depression, Anxiety and Gaming Type. *Psychiatry Research*, 272, 521-530. https://doi.org/10.1016/j.psychres.2018.12.158

Carran, M., & Griffiths, M. D. (2015). Gambling and Social Gambling: An Exploratory Study of Young People' s Perceptions and Behavior. *Aloma: Revista de Psicologia, Ciències de l'Educació i de l'Esport*, 33(1), 101-113.

Cole, S. H., & Hooley, J. M. (2013). Clinical and Personality Correlates of MMO Gaming: Anxiety and Absorption in Problematic Internet Use. *Social Science Computer Review*, 31(4), 424-436. https://doi.org/10.1177/0894439312475280

Decker & Gay 2011, Ko et al. (2017). The Adaptive Decision-Making, Risky Decision, and Decision-Making Style of Internet Gaming Disorder. *European Psychiatry*, 44, 189-197.

Derevensky, J., Gupta, R., Dickson, L., & Dequire, A. E. (2013). *Gambling Problems in Youths: Theoretical and Applied Perspectives.* Ebook.

Durkee et al. (2012). Preference of Pathological Internet Use Among Adolescents in Europe: Demographic and Social Factors. *Addiction*. 107, 12, 2210-2222.

Francesco, C. (2006). *The Pomodoro Technique: The Acclaimed Time-Management System that has Transformed how We Work*, FC

Garage GmbH.

Gervasi, A. M., Marca, L., Costanzo, A., & Pace, H. (2017). Personality and Internet Gaming Disorder: A Systematic Review of Recent Literature. *Current Addiction Reports*, 4(3), 293-307.

Griffiths, M. D., & Nuyens, F. (2017). An Overview of Structural Characteristics in Problematic Video Game Playing. *Current Addiction Reports*, 4(3), 272-283.

King, D. L., & Delfabbro, P. H. (2016). The Cognitive Psychopathology of Internet Gaming Disorder in Adolescence. *Journal of Abnormal Child Psychology*, 44(8), 1635-1645.

King, D. L., Delfabbro, P. H., & Griffiths, M. (2010). Cognitive Behavioral Therapy for Problematic Video Game Players: Conceptual Considerations and Practice Issues. *Journal of Cyber Therapy and Rehabilitation*, 3(3), 261-273.

Király, O. (2018). Commentary on Policy Responses to Problematic Video Game Use: A Systematic Review of Current Measures and Future Possibilities. *Journal of Behavioral Addictions*, 7(3), 1-4.

Ko, Y. et al. (2009). Brain Activities Associated with Gaming Urge of Online Gaming Addiction. *Journal of Psychiatric Research*, 43(7), 739-747.

Kuss, D. J., & Griffiths, M. D. (2012). Internet Gaming Addiction: A Systematic Review of Empirical Research. *International Journal of Mental Health and Addiction*, 10(2), 278-296.

Mehroof, M., & Griffiths, M. D. (2010). Online Gaming Addiction:

The Role of Sensation Seeking, Self-Control, Neuroticism, Aggression, State Anxiety, and Trait Anxiety. *Cyberpsychology, Behavior and Social Networking*, 13(3), 313-316.

Pawlikowski, M., & Brand, M. (2011). Excessive Internet Gaming and Decision Making: Do Excessive World of Warcraft Players have Problems in Decision Making under Risky Conditions? *Psychiatry Research*, 188(3), 428-433.

Peters, C. S., & Malesky, L. A. (2008). Problematic Usage Among Highly-Engaged Players of Massively Multiplayer Online Role Playing Games. *Journal of Cybertherapy and Rehabilitation*, 11(4), 481-484.

香港 01（2019.5.27）。世衞通過新版國際疾病分類打機成癮列為疾病之一。https://www.hk01.com/%E9%81%8A%E6%88%B2%E5%8B%95%E6%BC%AB/333359/%E4%B8%96%E8%A1%9B%E9%80%9A%E9%81%8E%E6%96%B0%E7%89%88%E5%9C%8B%E9%9A%9B%E7%96%BE%E7%97%85%E5%88%86%E9%A1%9E-%E6%89%93%E6%A9%9F%E6%88%90%E7%99%AE%E5%88%97%E7%82%BA%E7%96%BE%E7%97%85%E4%B9%8B%E4%B8%80。

明報即時新聞（2023.7.19）。聖保羅男女中學兩超級狀元分享讀書心得　古冰心：日溫書 8-10 小時　藍仲宏打機紓壓。https://news.mingpao.com/ins/%E7%86%B1%E9%BB%9E/article/20230719/s00024/1689752116408/%E7%9F%AD%E7%89%87-%E8%81%96%E4%BF%9D%E7%BE%85%E7%94%B7%E5%A5%B3%E4%B8%AD%E5%AD%B8%E5%85%A9%E8%B6%85%E7%B4%9A%E7%8B%80

%E5%85%83%E5%88%86%E4%BA%AB%E8%AE%80%E6%9B%B8
%E5%BF%83%E5%BE%97-%E5%8F%A4%E5%86%B0%E5%BF%83-
%E6%97%A5%E6%BA%AB%E6%9B%B88-
10%E5%B0%8F%E6%99%82-%E8%97%8D%E4%BB%B2%E5%AE%8
F%E6%89%93%E6%A9%9F%E7%B4%93%E5%A3%93。

明報新聞網（2024.1.15）。放假電子產品娛樂高小生日均 8 小
時女青調查：家長用愈久子女用愈久。https://news.mingpao.com/
pns/%E6%95%99%E8%82%B2/article/20240115/s00011/170525013660
6/%E6%94%BE%E5%81%87%E9%9B%BB%E5%AD%90%E7%94%A
2%E5%93%81%E5%A8%9B%E6%A8%82-%E9%AB%98%E5%B0%8F
%E7%94%9F%E6%97%A5%E5%9D%878%E5%B0%8F%E6%99%82-
%E5%A5%B3%E9%9D%92%E8%AA%BF%E6%9F%A5-%E5%AE%B6
%E9%95%B7%E7%94%A8%E6%84%88%E4%B9%85-%E5%AD%90%
E5%A5%B3%E7%94%A8%E6%84%88%E4%B9%85。

世衛組織網站。https://www.who.int/zh。

第七效

Alahmad, A., Tatjana, S., & János, G. (2021). Preparing Pre-
service Teachers for 21st Century Skills Education: A Teacher Education
Model. *GILE Journal of Skills Development*, 1(1), 67-86. https://doi.
org/10.52398/gjsd.2021.v1.i1.

Astuti, A. P., Aziz, A., Sumarti, S. S., & Bharati, D. A. L. (2019).

Preparing 21st Century Teachers: Implementation of 4C Character's Pre-Service Teacher through Teaching Practice. *Journal of Physics: Conference Series*, 1233(1), 12109-. https://doi.org/10.1088/1742-6596/1233/1/012109

Attfield, K. (2022). The Young Child's Journey of "the Will": A Synthesis of Child-Centered and Inclusive Principles in International Waldorf Early Childhood Education. *Journal of Early Childhood Research: ECR*, 20(2), 159-171. https://doi.org/10.1177/1476718X211051184

Ames, C. (1992). Classrooms: Goals, Structure, and Student Motivation. *Journal of Educational Psychology*, 84(3), 261-271.

Bandura, A. (1982). Self-Efficacy Mechanism in Human Agency. *American Psychologist*, 37(2), 122-147.

Broussard, S. C., & Garrison, M. E. B. (2004). The Relationship Between Classroom Motivation and Academic Achievement in Elementary-School-Aged Children. *Family and Consumer Sciences Research Journal*, 33(2), 106-120.

Corno, L. (1993). The Best-Laid Plans: Modern Conceptions of Volition and Educational Research. *Educational Researcher*, 22(2), 14-22.

Deci, E. L., Koestner, R., & Ryan, R. M. (1999). A Meta-Analytic Review of Experiments Examining the Effects of Extrinsic Rewards on Intrinsic Motivation. *Psychological Bulletin*, 125(6), 627-668.

Duffy, E. (1957). The Psychological Significance of the Concept of Arousal or Activation. *Psychol Rev.*, 64(5), 265-275.

Eccles, J. S., & Wigfield, A. (2002). Motivational Beliefs, Values, and Goals. *Annual Review of Psychology*, 53(1), 109-132.

Erikson, E. H., & Erik, H. (1975). *Childhood and Society* (2nd ed., rev. enl.). Norton.

Erikson, E. H. (Erik H., Erikson, J. M., & Joan, M.) (1997). *The Life Cycle Completed: A Review* (Extended version / with new chapters on the ninth stage of development by Joan M. Erikson.). W. W. Norton.

Fitriati, F., Rosli, R., Iksan, Z., & Hidayat, A. (2024). Exploring Challenges in Preparing Prospective Teachers for Teaching 4C Skills in Mathematics Classroom: A School-University Partnership Perspectives. *Cogent Education*, 11(1). https://doi.org/10.1080/2331186X.2023.2286812

Harter, S. (1978). Effectance Motivation Reconsidered: Toward a Developmental Model. *Human Development*, 21(1), 34-64.

Hebb D. O. (1955). Drives and the C. N. S. (conceptual nervous system). *Psychol Rev.*, 62(4), 243-254.

Linnenbrink, E. A., & Pintrich, P. R. (2002). Motivation as an Enabler for Academic Success. *School Psychology Review*, 31(3), 313-327.

Miller, W. R., & Rollnick, S. (2013). *Motivational Interviewing: Helping People Change* (3rd edition). New York, N. Y.: Guilford Press.

Nurcholis, A. (2021). Holistic Educational Philosophy Ideas in Waldorf Education by Rudolf Steiner. *At-Ta'dib (Ponorogo. Online)*, 16(2), 248-262. https://doi.org/10.21111/at-tadib.v16i2.6918

Rosenberg, M. B. (2003). *Nonviolent Communication: A Language of Life* (2nd ed.). Encinitas, Calif.: PuddleDancer Press.

Rosenberg, M. B. (2004). *Teaching Children Compassionately how Students and Teachers can Succeed with Mutual Understanding.* Encinitas, Calif.: PuddleDancer Press.

Schunk, D. H., & Zimmerman, B. J. (2007). Influencing Children's Self-Efficacy and Self- Regulation of Reading and Writing through Modeling. *Reading & Writing Quarterly*, 23(1), 7-25.

Steinmayr, R., Weidnger, A. F., Schwinger, M., & Spinath, B. (2019). The Importance of Students' Motivation for their Academic Achievement - Replicating and Extending Previous Findings. *Front. Psychol.*, 31 July 201Sec Personality and Social psychology, 10, 1730-. https://doi.org/10.3389/fpsyg.201901730

Stipek, D. J. (1996). Motivation and instruction. In D. C. Berliner, & R. C. Calfee (eds.), *Handbook of Educational Psychology.* New York: Macmillan, 85-113.

Turner, J. C. (1995). The Influence of Classroom Contexts on Young Children's Motivation for Literacy. *Reading Research Quarterly*, 30(3), 410-441.

《am730》（2024.2.16）。深偽技術的陰暗面：沒人能倖免？ https://www.am730.com.hk/%E6%9C%9C%AC%E5%9C%B0/%E6%95%B8%E6%93%9A%E7%A7%91%E6%99%AE-%E6%B7%B1%E5%81%BD%E6%8A%80%E8%A1%93%E7%9A%84%E9%99%B0%E6%9A%97%E9%9D%A2-%E6%B2%92%E4%BA%BA%E8%83%BD%E5%80%96%E

5%85%8D-/430124。

Harari, Y. N.（2022）。《21 世紀的 21 堂課》。台北：遠見天下文化出版股份有限公司，林俊宏譯，318-324。

梁可憲（Liang, Ke-Hsien）（2019）。〈從人智學生命本質探析幼兒的七年發展論〉。《康大學報》，9，45-66。

宮崎駿（Miyazaki, H.）（2006）。《出發點 1979-1996》。台北：台灣東販股份有限公司，黃穎凡、章澤儀譯，12-23。

聯合新聞網（2017 年 1 月 17 日）。中產階級卷不動了 「學琴大國」鋼琴銷量斷崖式下滑。https://udn.com/news/story/7332/7715855。

策劃編輯　梁偉基

責任編輯　許正旺

書籍設計　吳丹娜

書　　名　與孩子有約：幸福父母的七大有效溝通錦囊

著　　者　梁國香　楊佩

出　　版　三聯書店（香港）有限公司

　　　　　香港北角英皇道四九九號北角工業大廈二十樓

香港發行　香港聯合書刊物流有限公司

　　　　　香港新界荃灣德士古道二二〇至二四八號十六樓

印　　刷　美雅印刷製本有限公司

　　　　　香港九龍觀塘榮業街六號四樓 A 室

版　　次　二〇二四年七月香港第一版第一次印刷

規　　格　大三十二開（140 mm × 210 mm）二九六面

國際書號　ISBN 978-962-04-5499-8